Beck'scheReihe

Länder
BsR 824

A5 – D – III – 15

Tibet, das Land auf dem Dach der Welt, gehört zu den geheimnisvollsten und faszinierendsten Regionen der Welt. Noch bis in die siebziger Jahre hinein war das Land für Fremde kaum zugänglich. Die wenigen Besucher berichteten gar wundersame Dinge von Heiligen und Magiern, die so gar nicht in ein westlich-rationalistisches Weltbild passen wollten. In Tibet erschien alles anders, alle Gesetze auf den Kopf gestellt, alle Grenzen gesprengt, die Menschen den Göttern näher.

Seit dem Zweiten Weltkrieg hat das Interesse an Tibet angesichts der chinesischen Besetzung eine neue Dimension erhalten. Während „Realpolitiker" von Washington über Bonn bis New Delhi die chinesischen Ansprüche auf Tibet anerkennen, erweisen viele Menschen der tibetischen Kultur in der vermutlich härtesten Bewährungsprobe ihrer Geschichte besondere Achtung.

Dieses Buch versucht, allen, die sich von der Faszination Tibet angesteckt fühlen, einen möglichst umfassenden ersten Einblick zu vermitteln. Dabei wird zwangsläufig manches Klischee zerstört. Auch im traditionellen Tibet hat es nicht nur Heilige und Magier gegeben. Intrigen und offene Kämpfe unter den Mächtigen waren ebenso verbreitet wie Armut und Abhängigkeit unter der einfachen Bevölkerung. Gerade die Widersprüchlichkeit und Vieldeutigkeit gehören zum Wesen des Landes, das in dem vorliegenden Buch ohne Pathos, aber mit Sympathie beschrieben wird. Das Buch ist nicht zuletzt auch für diejenigen gedacht, die sich selbst ein Bild von dem Land machen wollen.

Klemens Ludwig arbeitet freiberuflich als Journalist und Publizist und war langjähriger Mitarbeiter der Gesellschaft für bedrohte Völker. Veröffentlichungen u. a.: Flüstere zu den Felsen. Die Botschaft der Ureinwohner der Erde, 1993; Bedrohte Völker. Ein Lexikon nationaler und religiöser Minderheiten, ³1994 (BsR 303); Das Baltikum, ³1992 (BsR 841); Ethnische Minderheiten in Europa, 1995 (BsR 1115).

KLEMENS LUDWIG

Tibet

Zweite, überarbeitete und erweiterte Auflage

VERLAG C.H. BECK

Mit 10 Abbildungen und 1 Karte

Die Deutsche Bibliothek – CIP-Einheitsaufnahme
Ludwig, Klemens:
Tibet / Klemens Ludwig. – Orig.-Ausg., 2., überarb. und erw. Aufl. – München: Beck, 1996
  (Beck'sche Reihe; 824: Länder)
  ISBN 3 406 40230 5
NE: GT

Originalausgabe
ISBN 3 406 40230 5

Zweite, überarbeitete und erweiterte Auflage. 1996
Umschlagentwurf: Uwe Göbel, München
Umschlagabbildung: IFA-Bilderteam, München
© C. H. Beck'sche Verlagsbuchhandlung (Oscar Beck), München 1989
Gesamtherstellung: C. H. Beck'sche Buchdruckerei, Nördlingen
Gedruckt auf säurefreiem, alterungsbeständigem Papier
(hergestellt aus chlorfrei gebleichtem Zellstoff)
Printed in Germany

Inhalt

Einleitung: Tibet – mystisches Shangri-La und ungelöster Nationalitätenkonflikt 8

I. Der Natur zum Trotz – Leben auf dem Dach der Welt   12
Entstehungsgeschichte, geographische Aufteilung, Flora 12 – Die Tierwelt 15 – Die Menschen: Abstammung, Sprache, ethnische und kulturelle Zugehörigkeit 17 – Seßhaftwerdung, Ernährung, Siedlungsform 20 – Medizin, Bestattungsriten 22 – Familienstrukturen, Rolle der Frau 24 – Die vorbuddhistische Religion 26 – Mythen und Sagen 27

II. Rivalisierende Stämme und gefürchtete Eroberer – Das tibetische Königtum 29
Die Himmelskönige 29 – Die Religionskönige 30 – Die territoriale Ausdehnung 32 – Die erste Verbreitung der buddhistischen Lehre 33 – Der allmähliche Zerfall des Reiches 37

III. Die Lehre aus dem Süden – Die erfolgreiche Mission des Buddhismus 39
Terror der Provinzpotentaten 39 – Die zweite Verbreitung der Lehre 39 – Bedeutende Missionare und neue Schulen 40 – Die Reinkarnationslehre 42 – Die Mongolenherrschaft 43 – Die tibetisch-mongolischen Beziehungen 44 – Weitere Machtkämpfe und Ausschreitungen 45

IV. Eine Reformation mit politischen Dimensionen – Die Herrschaft der Gelben Kirche 47
Tsongkhapas Feldzug gegen die Unmoral 47 – Die Schule der Tugendhaften 48 – Die drei Säulen des buddhistischen Staates 48 – Die Inkarnationsreihe des Dalai Lama 49 – Mongolische Intervention 50 – Der „Große Fünfte" 51 – Der Panchen Rinpoche 53 – Chinesisch-mongolische Auseinandersetzungen 55 – Die innere Struktur des Gottesstaates 56 – Bedrohung von außen 57 – Innenpolitische Reformen 58 – Der 14. Dalai Lama 60

V. Der lange Arm Pekings – Die tibetisch-chinesischen
Beziehungen 62
Heiratsdiplomatie und Kriegszüge 62 – Gleichzeitiger
Verfall zweier Dynastien 64 – Mongolen auf dem Drachenthron 64 – Das wachsende Interesse der Qing-Herrscher 65 – Das langsame Ende der Qing 66 – Diplomatische Verstrickungen und umstrittene Verträge 67 – Der
bruchlose Übergang von den Qing zu den Bürgerlichen 79 – Die Volksrepublik China wendet sich Tibet
zu 70 – Die zunehmende Unterdrückung 72 – Der Volksaufstand vom März 1959 73 – Die Zerstörungen 73 – Die
Große Proletarische Kulturrevolution 76 – Die Bilanz der
Zerstörungen 77 – Die Überwindung der Traumas 78 –
Die wirtschaftliche Ausbeutung 81 – Die Militarisierung
83 – Anhaltende Unruhen 85 – Der „mittlere Weg" des
Dalai Lama 88

VI. Sinisierung, Geburtenkontrolle, Zerstörung der alten Städte – Tibet wird eine chinesische Provinz . . 91
Zwangsmaßnahmen zur Geburtenkontrolle 91 – Entwicklungsprogramm „Lhasa 2000" 94 – Der Zugriff auf den
Barkhor 97 – Die Zukunft des Landes? 99 – Internationale
Hilfe 100

VII. „Haben Sie ein Bild des Dalai Lama?" – Die allgegenwärtige Religion 102
Die Delegationen des Dalai Lama 102 – Die Religiosität
tibetischer Kader 103 – Der Zustand der Klöster 104 – Neue
Schwierigkeiten 106 – Die Religiosität auf dem Land 109

VIII. Hüter der Kultur oder Ewig-Gestrige? – Die Exiltibeter 110
Eine neue Heimat 110 – Tibet vor den Vereinten Nationen 111 – Die Verwaltung der Exilgemeinden 112 –
Die soziale Situation 113 – Tibeter in Europa 116 – Tibeter in Deutschland nicht gefragt? 117 – Bundesdeutsche
Hilfe für Tibet 118

IX. Vom intoleranten Gottesmann zum Pauschaltouristen – Tibet und die Fremden 120
Gerüchte und Mythen 120 – Erste Missionsbemühungen 121 – Zwei Jesuiten, die ersten Europäer in Lhasa 122

– Rivalisierende Orden 125 – Britisches Handelsinteresse 125 – Forschung statt Handel 127 – Chinesische Intrigen 127 – Unermüdliche Missionsbemühungen 129 – Wachsender Einfluß der Engländer 131 – Die wissenschaftliche Erforschung Tibets 134 – Alexandra David-Néel und Lama Govinda, zwei europäische Buddhisten 135 – Die langsame Öffnung 137 – Der Bambusvorhang fällt 140 – Tourismus als Devisenquelle 141 – Assimilierung und Propaganda 142 – Schattenseiten für die Chinesen 143

X. Zwischen Euphorie und Höhenkrankheit – Reisen in Tibet 145
Pauschalreisen, der einfachste und sicherste Weg 145 – Die Wege nach Lhasa 146 – Der Aufenthalt in Lhasa 148 – Reise zu ferneren Zielen 150 – Gesundheitliche Schwierigkeiten 151 – Ernährung 152 – Sitten und Gebräuche 153

XI. Tibet, Freilichtmuseum mit lebendem Inventar? – Ein Blick in die Zukunft 155
Zweifelhafte Entwicklungsmaßnahmen 155 – Die Perspektiven der Tibeter 156

Anhang
Zeittafel 160 – Weiterführende Literatur 164 – Adressenliste 169 – Bild- und Kartennachweis 169 – Register 170 – Karte 176

Einleitung: Tibet – mystisches Shangri-La und ungelöster Nationalitätenkonflikt

Keine Frage, Tibet ist in den vergangenen Jahren weltweit ein Thema geworden. Bis in die achtziger Jahre hinein umgab das Land auf dem Dach der Welt die Aura des Geheimnisvollen, die den Blick auf die Lebenswirklichkeit der 6 Millionen Tibeterinnen und Tibeter eher verstellte. Ein mystisches Shangri-La, eine Insel der Glückseligen unberührt von den Schattenseiten der Technologie-Gesellschaft und besiedelt von Menschen, die allein nach geistigen Werten statt nach materiellem Besitz streben: So erschien Tibet in den Projektionen mancher zivilisationskritischer Europäer.

Inzwischen bestimmt ein ganz anderes Tibet-Bild die Medien. Die Öffnung des Landes für den Tourismus und die anhaltenden Proteste der Bevölkerung, die von der chinesischen Besatzungsmacht brutal niedergeschlagen werden, haben den Nationalitätenkonflikt in Tibet ins Bewußtsein des Auslands gerückt. Die weltweite Anerkennung des Dalai Lama, der 1989 den Friedensnobelpreis erhielt, trug maßgeblich zu dieser Entwicklung bei.

In Wirklichkeit ist Tibet beides: ein Land, das in den Epochen der Selbstbestimmung einen anderen Entwicklungsweg eingeschlagen hat als die meisten Staaten der Erde, sowie ein Land, dem ausgerechnet in der Phase der Entkolonisierung nach dem Zweiten Weltkrieg die Souveränität geraubt wurde.

Für die Faszination, die von Tibet ausgeht, gibt es einleuchtende Gründe. Wegen seiner geographischen Abgeschiedenheit hinter den Hängen des Himalaya war das Land bis in die siebziger Jahre unseres Jahrhunderts für Besucher kaum zugänglich. Politische Wirren taten ihr übriges, den Zugang von Fremden in Grenzen zu halten. Als die ersten Europäer 1661 die tibetische Hauptstadt Lhasa erreichten, gehörten die großen indianischen Reiche Amerikas längst der Vergangenheit an und die Kolonisierung der „neuen Welt" war bereits in vollem Gange. Alles noch Unbekannte und Verbotene regt die Phantasie und Sehnsüchte der Menschen bekanntlich besonders an.

Doch die Faszination Tibet hat tiefere Wurzeln, und die wenigen westlichen Besucher trugen dazu bei, ihr neue Nahrung zu geben. Alexandra David-Néel etwa, die französische Religionswissenschaftlerin und spätere Buddhistin, die zu Beginn dieses Jahrhunderts über 15 Jahre lang als Bettelpilgerin verkleidet in Tibet herumreiste, oder Heinrich Harrer, der österreichische Bergsteiger, der mit seinem Kollegen Peter Aufschnaiter während des Zweiten Weltkriegs aus einem englischen Gefangenenlager in Nordwest-Indien an den Hof des Dalai Lama nach Lhasa floh, wußten gar wundersame Dinge zu berichten. Menschen, die allein durch ihre Körperwärme Schnee zum Schmelzen bringen konnten, Dämonenbeschwörer und andere Magier existierten wirklich.

Eine industrialisierte Welt, die die Grenzen ihres rationalistischen Weltbilds immer deutlicher erkennen muß, nahm und nimmt derartige Berichte natürlich mit großer Begierde auf. Während daheim alles in eingefahrenen Bahnen und nach festen Regeln verläuft, erscheint in Tibet alles anders, alle Gesetze auf den Kopf gestellt, alle Grenzen gesprengt.

Ohne Frage haben Religion und Magie in einem Land wie Tibet schon immer eine zentrale Rolle gespielt, und nicht wenige Berichterstatter mutmaßten, gänzlich ohne ironischen Unterton, die Menschen in einer solchen Höhenlage seien den Göttern zwangsläufig näher. Gegen eine auf das Wundersame konzentrierte Sichtweise wenden sich jedoch zunehmend mehr Europäer, die sich aus tiefem religiösen Interesse mit Tibet und dem Buddhismus, wie er dort gelehrt wird, befassen.

Seit dem Zweiten Weltkrieg hat das Interesse an Tibet eine neue Dimension erhalten. Das Land wurde Opfer einer gewaltsamen Annexion durch den großen Nachbarn China. Von 1959 bis 1976 versuchte die chinesische Volksbefreiungsarmee in einem rücksichtslosen Vernichtungsfeldzug, die tibetische Tradition von Grund auf zu zerstören. Vermutlich etwa eine

Million Menschen und nahezu alle Klöster und Tempel fielen dem Terror zum Opfer.

Von diesem Trauma hat sich das Land bis heute nicht erholt. Dazu kommt eine neue Bedrohung. Statt des offenen Terrors der sechziger und siebziger Jahre sorgten die Sinisierung, d. h. die Ansiedlung von Chinesen, und die ökologische Ausbeutung für eine grundlegende Umgestaltung Tibets, die vielleicht nie mehr rückgängig zu machen ist. Alle tibetischen Städte haben heute eine chinesische Bevölkerungsmehrheit, und im historischen Tibet, einschließlich der östlichen Provinzen Kham und Amdo, stellen die Chinesen knapp zwei Drittel der Bevölkerung. „Time is running out" (Die Zeit läuft davon), warnte der Dalai Lama eindringlich auf einer Anhörung des Auswärtigen Ausschusses im Deutschen Bundestag 1995.

Ungeachtet der schwierigen Situation erkennen Realpolitiker von Washington über Bonn bis New Delhi die chinesischen Ansprüche auf Tibet an und unterstützen China damit letztlich bei der Zerstörung der tibetischen Kultur. Auf der anderen Seite erweisen viele Menschen der tibetischen Kultur in der wohl härtesten Bewährungsprobe ihrer Geschichte besondere Achtung. Dies wissen die Tibeter sehr zu schätzen, wie der Dalai Lama hervorhebt: „Sehen Sie, wenn es einer Nation oder einer Gemeinschaft gut geht, wenn sie aufstrebt, kommen viele Menschen, nicht unbedingt immer nur als Freunde. Aber wenn es mit einer Nation oder einem Individuum abwärts geht, wenn es ihm schlecht geht, und es kommen trotzdem so viele Menschen, dann betrachte ich sie als ehrliche Freunde."

Bislang hat sich die chinesische Führung von der weltweiten Sympathie für Tibet noch nicht beeindrucken lassen. Weiterer Druck von außen, aber auch gut vorbereitete Besuche in Tibet, die den Menschen das Gefühl geben, nicht vergessen zu sein, können eine konkrete Hilfe sein. Voraussetzung für beides sind fundierte Informationen. Dieses Buch möchte einen Beitrag dazu leisten.

Wer sich umfassend mit der tibetischen Kultur vertraut macht, muß zwangsläufig von manchen Klischees Abstand nehmen. Auch im traditionellen Tibet gab es nicht nur Heilige und Magier. Intrigen und offene Kämpfe waren unter den Mächtigen ebenso verbreitet wie Armut und Abhängigkeit unter der einfachen Bevölkerung. Mancher Abt verfolgte nicht nur göttliche Ziele, und Buddhas Gebot, nicht zu töten, ging in den Auseinandersetzungen bisweilen unter. Auch diese Widersprüchlichkeit ist Bestandteil des tibetischen Erbes.

Viele Aspekte, wie etwa die facettenreiche tibetische Kultur, können leider nicht erschöpfend behandelt werden, doch informiert eine Literaturliste im Anhang über weitere Publikationen. Neben den Hintergrundinformationen zur Geschichte, Kultur und aktuellen Lage enthält das Buch auch Tips für Reisende. Besuche in einem besetzten Land verlangen immer eine besondere Sensibilität, und gerade Tibet eignet sich nicht als Land zum „Abhaken".

Ein Hinweis noch zur Transkription: Das Buch gibt tibetische Namen und Bezeichnungen in der populären Umschrift wieder, die sich an der Aussprache in der anglisierten Form orientiert. Es verzichtet auf die nur wenigen Experten vertraute wissenschaftliche Schreibweise.

Ich bedanke mich sehr herzlich für Kritik, Hinweise, sachkundige Begleitung sowie viel Zeit und Geduld bei Ludmilla Tüting, Jan Andersson und ganz besonders Ute und Tsewang Norbu.

I. Der Natur zum Trotz – Leben auf dem Dach der Welt

Entstehungsgeschichte, geographische Aufteilung, Flora

Besucher, die aus der westchinesischen Provinz Sichuan kommend mit dem Flugzeug in Tibet eintreffen, werden zunächst vielleicht enttäuscht sein: Vom sagenumwobenen Schneeland Tibet, das Assoziationen an winterliche Alpenhänge und eine verzauberte weiße Natur geweckt haben mag, keine Spur; zumindest nicht im zentralen Tsangpotal, in dem auch die Hauptstadt Lhasa liegt. Stattdessen graue Einöde, Mondlandschaft. Der erste Gedanke: Hier sollen Menschen leben?

Doch dieser erste Eindruck muß bei einem längeren Aufenthalt rasch revidiert werden. Tibet entpuppt sich als ein Land mit großen Gegensätzen und immer neuen Überraschungen. Unendliche Steppengebiete prägen ebenso seinen Charakter wie schneebedeckte Achttausender oder ausgedehnte Waldgebiete mit Bambushainen, die wohl kaum jemand auf dem Dach der Welt erwarten würde. Viele Forscher zeigen sich immer wieder von der einzigartigen Großzügigkeit aller Landesteile beeindruckt, die selbst manch trockenen Wissenschaftler ins Schwärmen geraten läßt.

Mit 2,5 Millionen Quadratkilometern erstreckt sich Tibet über eine Fläche, die etwa siebenmal so groß ist wie Deutschland. Umgeben von den Bergmassiven des Himalaya, die im Süden 8000 Meter sowie im Osten und Westen 6000 Meter überschreiten, liegt ein besiedeltes Hochplateau, das von 3600 Meter auf 5200 Meter ansteigt. Dabei ist der Himalaya nicht nur das höchste, sondern auch das jüngste Gebirge der Erde. Im frühen Tertiär, vor über 50 Millionen Jahren, war dort noch ein Meer. Während der Kontinentalverschiebungen, als sich die Erdoberfläche in der jetzigen Form herausgebildet hat, schob sich die sogenannte Gondwanascholle, der indische Subkontinent, in fünf Schüben nach Norden und löste mit dem Druck auf die zentralasiatischen Festmassen die Herausbildung dieses Gebirgsmassives aus. Der Drang des indischen Subkontinents nach Norden hält in abgeschwächter Form bis heute an, so daß sich der Himalaya jährlich um weitere 10 cm aufwölbt, von denen Erosion und andere Witterungseinflüsse jedoch etwa zwei Drittel wieder abtragen.

Tibet liegt auf einem subtropischen Breitengrad, entsprechend dem Mittelmeer. Es hat heute die Funktion eines Heizaggregats für die Erdoberfläche, denn die Gesteinsmassen führen die steil einfallenden Sonnenstrahlen der Atmosphäre wieder zu. Die Schneegrenze liegt bei etwa 6200 Metern. Der traditionellen Schulgeographie zufolge hat es während der letzten Eiszeit vor etwa 25 000 Jahren in Tibet nicht wesentlich anders ausgesehen als heute. Diese These wurde in den vergangenen Jahren jedoch von dem Göttinger Geologieprofessor Matthias Kuhle erschüttert. Gestützt auf Gletscherspuren, die in trockenen Tälern Süd- und Westtibets in nur 2000 Meter Höhe gefunden wurden, besagt seine These, daß Tibet während der Kälteperiode weitgehend mit Schnee und Eis bedeckt war. Schwankungen in der Erdumlaufbahn hatten einen Temperatursturz von 3,5 Grad ausgelöst; die Schneegrenze sank auf etwa 4000 Meter, und das Land wurde damit so etwas wie der Motor der Eiszeit: Die schnee- und eisbedeckte Oberfläche konnte die Sonnenstrahlen nicht länger in die Erdatmosphäre abgeben, sondern warf sie zu 90 Prozent in den Weltraum zurück. Dieser „Ausfall der Heizung" verstärkte den globalen Temperatursturz und führte allerorts zu einem Vorrücken der Gletscher in klimatisch gemäßigte Zonen. Erst als die Erdumlaufbahn in ihre ursprüngliche Form zurückgefunden hatte und die Temperaturen weltweit wieder anstiegen, ging auch in Tibet die Schnee- und Eisgrenze allmählich auf die heutigen Höhen zurück.

Geographisch wird Tibet in vier verschiedene Zonen aufgeteilt, die sich grundlegend voneinander unterscheiden:
1. Die nordwestliche Hochgebirgssteppe,

2. die von fruchtbaren Tälern durchzogenen Schneeberge Osttibets,
3. das zentraltibetische Tsangpotal,
4. das Himalayamassiv im Süden.

An den geographischen Bedingungen orientierte sich im traditionellen Tibet ungefähr auch die politisch-administrative Aufteilung mit den Provinzen Ngari im Westen, Kham und Amdo im Osten sowie Ü und Tsang im Zentrum.

Im Norden und Nordwesten erstreckt sich auf 4600 bis 5000 Meter Höhe eine wüstenähnliche, weitgehend unbewohnte Hochebene mit geringer Vegetation. Sie ist ohne natürlichen Abfluß zum Meer und nahezu ohne Niederschlag. Im Winter sinken die Temperaturen unter – 40 Grad; im Sommer können sie bei ständiger Sonneneinstrahlung über 25 Grad erreichen. Trockene Stürme – der sogenannte Gegenmonsun – tun ihr übriges, um Leben in dieser Region härtesten Bedingungen auszusetzen. Nach Osten hin werden die Steppengebiete niedriger und lebensfreundlicher. Viele Seen, zumeist salzhaltig, bestimmen den Charakter der Landschaft.

Die östliche Begrenzung Tibets bilden die Provinzen Amdo und Kham. Das nördlicher gelegene Amdo war das Tor für die Besiedlung Tibets und später für die Kontakte mit den Mongolen und Chinesen. Diese Region ist von extremen Gegensätzen geprägt. Schneebedeckte Berge von 6000 Metern Höhe werden von tiefen Tälern mit erstaunlicher Vegetation durchzogen. Hier entspringen die großen Flüsse Südostasiens: der Yangtse, der Mekong, der in China Langcang Jiang heißt, und der Salween. Das gemäßigte Klima in den Flußtälern ermöglicht Akkerbau und Viehhaltung. Im Südosten befinden sich zudem ausgedehnte Waldgebiete bis auf eine Höhe von 4500 Metern. In besonders günstigen Zonen gedeihen sogar Bambushaine. Die Waldfläche Tibets betrug vor der chinesischen Invasion 220 000 Quadratkilometer.

Das eigentliche Kernland Tibets bildet das Tal des Tsangpo, besser bekannt unter seinem indischen Namen Brahmaputra, südlich der großen Steppen. An einem nördlichen Nebenfluß des Tsangpo, dem Kyichu, liegt die Hauptstadt Lhasa. Das

Tsangpotal wird in zwei Provinzen unterteilt: Ü mit dem Zentrum Lhasa im Osten sowie Tsang mit dem Zentrum Shigatse, der zweitgrößten Stadt des Landes, im Westen. Hier herrschen klimatisch recht gemäßigte Bedingungen mit Durchschnittswerten von 20 Grad im Sommer und –3 Grad im Winter. Verschiedene Getreidearten, Kartoffeln und sogar Obst gedeihen; allerdings bleibt der jährliche Niederschlag gering. Ursache dafür ist das Himalaya-Zentralmassiv, das sich südlich des Tsangpotales nach Nordwesten hinzieht. Es bildet für die Wolkenmassen des indischen Subkontinents ein nahezu unüberwindliches Hindernis und beschert den Regionen zu seinen Füßen – Nordindien, Nepal, Sikkim und Bhutan – einen außerordentlich reichhaltigen Niederschlag mit einer entsprechend üppigen Vegetation. In einigen Gegenden Bhutans liegt die jährliche Niederschlagsmenge mit 4000 mm im Durchschnitt zehnmal so hoch wie im Tsangpotal. Im Westteil des Himalayamassivs entspringen der Indus und der Ganges, die sich beide schon bald dem indischen Subkontinent zuwenden, sowie der besagte Tsangpo, der einen anderen Weg einschlägt und Tibet von Westen nach Osten durchquert. Die Flußtäler sind ähnlich wie im Osten besiedelt; der administrative Name für die Region des Westhimalaya ist Ngari. Dort liegt auch der 6714 Meter hohe heilige Berg Kailash, der nicht nur von den Buddhisten, sondern auch den Hinduisten als Sitz der Götter betrachtet wird.

In den vergangenen vierzig Jahren haben chinesische Geologen reichhaltige Bodenschätze entdeckt, so Gold, Eisen, Blei, Zink, Kohle, Mangan, Schwefel, Chrom, Uran und Erdöl.

Die Tierwelt

Die Tierwelt Tibets ist außerordentlich vielfältig. An den zahlreichen Seen und Sümpfen tummeln sich ungezählte Insekten und 49 verschiedene Amphibien- und Reptilienarten wie Frösche, Kröten, Echsen und Schlangen. Auch Gänse, Wasseramseln, Haubentaucher, Möwen und Watvögel geben sich in den feuchten Gebieten ein Stelldichein. In der Wald- und Steppenregion leben unter anderem Dohlen, Amseln, Schneefinken, Felsentauben, Königshühner sowie verschiedene Fasanenarten. Auch der König der Lüfte, der Adler, ist in Tibet heimisch. Insgesamt verzeichnen chinesische Wissenschaftler 532 Vogelarten. Eine mythologisch wichtige Rolle spielen die Schwarzhalskraniche. Sie galten im alten Tibet als heilig. Aufgrund ihrer religiösen Bedeutung wurden sie während der chinesischen Kulturrevolution in den sechziger Jahren stark dezimiert. Im Tsangpotal sind sie gänzlich verschwunden. In den abgelegenen Steppengebieten konnten sich einige wenige Exemplare halten, die heute wieder unter besonderem Schutz stehen.

In den Wäldern der östlichen Landesteile leben Luchse, Leoparden und Pandas; in höher gelegenen Regionen sogar noch Wölfe, Bären, Füchse, Murmeltiere, Schneeleoparden und Pfeifhasen. Letztere wurden bis auf 6000 Meter Höhe gesichtet. Die Steppengebiete bieten zudem Gazellen, Schafen und Wildeseln (Kiangs) eine Heimat. Daneben gibt es in den Steppen eine spezifisch tibetische Tierart, ohne die menschliches Leben auf dem Dach der Welt vermutlich gar nicht denkbar wäre: die Yaks, Verwandte des in Europa bereits ausgestorbenen Auerochsen. Während sich die Bezeichnung Yaks für die zotteligen Tiere außerhalb Tibets durchgesetzt hat, nennen die Einheimischen nur die männlichen so; die weiblichen heißen Dri. Wildyaks sind nur noch in den unwirtlichen Weiten Nordwest-Tibets anzutreffen. Das war noch vor nicht allzu langer Zeit anders, wie der Himalaya-Zoologe Ulrich Gruber bedauert: „Bis zum Ende des letzten Jahrhunderts gab es riesige Herden mit bis zu 20 000 Exemplaren, heute ist der Wildyak bereits sehr selten geworden; moderne Jagdwaffen und die Möglichkeit, Yaks von Geländewagen aus zu schießen, haben zu einer Dezimierung der Herden geführt, die man nur mit der Ausrottung des nordamerikanischen Bisons vergleichen kann." Yaks sind äußerst genügsam und ernähren sich von Moos, Flechten und Steppengräsern. Sie können deshalb am weitesten in die von anderen Säugetieren gemiedenen nordwestlichen Steppengebiete eindringen. Zoologen und Geographen unterscheiden die Steppen sogar nach den jeweils anzutreffenden Tierarten. Auf die Wildyaksteppe im Nordwesten folgt die mittlere Kiangsteppe und dann die südöstliche Gazellensteppe. Die Chinesen haben auch alle Säugetiere statistisch erfaßt und kamen auf 191 Arten.

Die Menschen: Abstammung, Sprache, ethnische und kulturelle Zugehörigkeit

Die Menschen besiedelten das Dach der Welt von Nordosten kommend vor vermutlich etwa 50 000 Jahren während der Altsteinzeit. Sie werden heute der tibeto-birmanischen Bevölkerungsgruppe zugerechnet, die zur mongoliden Rasse gehört und etwa 20 Millionen Menschen zählt. Aufgrund der Abgeschiedenheit blieb der Kontakt zu anderen Völkern relativ gering, obwohl im Laufe der Geschichte immer wieder Turkvölker aus dem Norden, Perser aus dem Westen und später Mongolen und Chinesen aus dem Osten sowie Inder und Nepalesen aus dem Süden den Weg nach Tibet fanden und ihre Spuren hinterließen.

So bilden die Tibeter keine ethnisch und linguistisch völlig einheitliche Gruppe. Die Khampa, die großgewachsenen Bewohner der Provinz Kham, unterscheiden sich beträchtlich von den Menschen des Tsangpotals oder den Nomaden in den bewohnbaren Steppengebieten. Insgesamt gibt es heute etwa sechs Millionen Tibeter, von denen jedoch nur 1,8 in der von den Chinesen errichteten Autonomen Region Tibet leben. Mehr darüber in Kapitel VI.

Die tibetische Sprache ist in verschiedene Dialekte unterteilt, von denen Ü-Ke, der Dialekt der Provinz Ü, die Funktion einer Umgangssprache für das ganze Land hat. Eine einheitliche tibetische Schrift wurde Mitte des 7. nachchristlichen Jahrhunderts nach dem Vorbild des in Kaschmir verbreiteten indischen Alphabets entwickelt.

Abb. 1: Drei junge Angehörige des Khampa-Volkes in Lhasa.

Am Südrand des tibetischen Siedlungsgebietes, der politisch zu Nepal oder Indien gehört, leben ethnische Minderheiten, die weniger als drei Prozent der tibetischen Bevölkerung ausmachen. Die bekanntesten sind zweifellos die Sherpa, ohne die der Tourismus sowie der professionelle Alpinismus im Himalaya kaum denkbar wären. Sie sind es, die Hobbybergsteigern ebenso wie ambitionierten Hochleistungskletterern, einschließlich des Mt. Everest-Erstbesteigers Edmund Hillary, den Weg zu den Gipfeln zeigen. Die Sherpa, auf deutsch „Ostmenschen", sind vor etwa 500 Jahren vom Ostrand Tibets in ihre heutige Heimat eingewandert.

Die tibeto-birmanischen Volksgruppen in Nepal werden zusammenfassend Bhotia genannt, was auf nepalesisch nichts anderes als „Tibeter" bedeutet. Ihre Gesamtzahl beträgt etwa 74 000. Einige von ihnen leben noch als Halbnomaden. Bevor die chinesische Regierung 1959 die tibetische Grenze schloß, betrieben viele Bhotia-Gruppen einen regen Handel mit Nepal und Nordindien. Sie transportierten Salz, Häute und Wolle aus Tibet gen Süden und brachten im Gegenzug Getreide, Reis, Zucker und Luxusgüter nach Norden. Seit ein paar Jahren wird diese alte Praxis allmählich wieder aufgenommen.

Weitere tibeto-birmanische Minderheitenvölker sind die Mönpa, Lopa und Denpa in den Bergwäldern an der Grenze zum nordostindischen Bundesstaat Assam. Im Grenzgebiet zu Birma leben die Nakhi; im Nordwestzipfel des tibetischen Kulturbereichs, heute Teil Pakistans, die Hunza. Diese Volksgruppe geistert seit Jahrzehnten unausrottbar durch Ernährungs- und Fastenbücher. Um übergewichtigen Wohlstandsbürgern das Fasten schmackhaft zu machen, müssen zumeist die Hunza herhalten: „Die Geschichte des alten Kulturvolkes der Hunzas ist ein sehr anschauliches Beispiel dafür, daß Fasten mehr sein kann, als die Möglichkeit zu überleben. Dieses Völkchen von zehntausend Menschen lebt in einem Hochtal des Zentralhimalaya; es war bis vor wenigen Jahrzehnten nahezu hermetisch von der Außenwelt abgeschlossen. Dr. Ralph Bircher berichtet in seinem Buch ‚Die Hunzas' erstaunliches: Die Äcker des Hochtals erbrachten nicht genügend Nahrung, um die Menschen das ganze Jahr über zu ernähren. Bis die Gerste im März reif wurde, fastete das ganze Volk wochenlang, manchmal sogar zwei Monate lang. Die Hunzas blieben dabei fröhlich und zufrieden, sie (...) kannten keinen Arzt, und sie brauchten keine Polizei. Ihr Leben spielte sich nach natürlichen Verhaltensregeln ab." Das jedenfalls glaubt Dr. Hellmut Lützner in seinem Buch „Wie neugeboren durch Fasten" und mit ihm ungezählte Ernährungswissenschaftler. Der Hunza-Mythos wurde während des Zweiten Weltkriegs von der Frau des englischen Kolonialbeamten und Sprachforschers D. Lorimer in die Welt gesetzt und entbehrt jeder Grundlage.

Südlich der Hunza im indischen Bundesstaat Kaschmir liegt mit Ladakh ein weiteres Territorium des tibetischen Kulturkreises, obwohl seine Bewohner ihre eigene Identität als Ladakhis betonen. Im traditionellen Tibet war Ladakh Teil der Provinz Ngari. Es wurde jedoch 1834 von Gulab Singh, dem späteren Maharadscha von Kaschmir, erobert und politisch vom restlichen Tibet getrennt. Heute leben dort viele tibetische Flüchtlinge. Während der rücksichtslosen Verfolgung durch die Chinesen von 1959 bis 1980 konnte sich die tibetische Kultur in Ladakh am besten erhalten; nicht umsonst heißt das Territorium auch Klein-Tibet. Doch nach diesem Exkurs in die Zeitgeschichte zurück in die Vorgeschichte.

Seßhaftwerdung, Ernährung, Siedlungsform

Die ersten Bewohner, nomadische Hirten, begannen den Yak zu domestizieren, der ihnen, ähnlich wie der Bison den nordamerikanischen Plains-Indianern, die Lebensgrundlage lieferte: Fleisch, Milch, Käse und Butter für die Ernährung sowie Wolle und Felle für Kleidung oder Zelte und Dung als Brennmaterial. Vor etwa 2500 Jahren – möglicherweise auch schon eher – begannen in Kham, Amdo und Zentraltibet aus Nomaden seßhafte Ackerbauern zu werden. Auch dabei wurde der Yak als Reit- und Zugtier unentbehrlich. Gerste, die auf dem kargen Boden am besten gedeihen kann, entwickelte sich zum Grundnahrungsmittel. Noch heute bildet Tsampa, ein Mehl aus gerösteter Gerste, die Basis der tibetischen Ernährung. Dazu kommen im Tsangpotal Hirse, Hülsenfrüchte und Kartoffeln. Jedem Reisenden, der die eingetretenen Touristenpfade verläßt, begegnet zudem auf Schritt und Tritt der Buttertee. Dieses zunächst wie gewöhnlicher Tee zubereitete Getränk wird mit Salz, Soda und Butter versetzt. Der für den europäischen Geschmack fremdartige Tee gibt den Tibetern die für die Höhenlage unentbehrlichen Mineralien. Dem europäischen Gaumen vertrauter ist das tibetische Bier, Chang, das ebenfalls aus Gerste gebraut wird. Es enthält zumeist nur wenig Alkohol und erinnert eher an Most oder Federweißen. Fleisch und Obst bereichern je nach Region und Wirtschaftsweise die Speisekarte.

Abb. 2: Bauernfamilie mit Yaks, dem Rückgrat der Landwirtschaft, bei der Aussaat.

Die vorherrschende Siedlungsart waren Dörfer und Streusiedlungen mit Häusern aus Lehmziegeln. Häufig entstanden sie in der Umgebung von Klöstern. Da die Landwirtschaft jedoch nur begrenzte Erträge erbrachte, durften die Ansiedlungen in der Regel mehrere hundert Einwohner nicht überschreiten. Selbst die politischen und religiösen Machtzentren waren bis 1950 nach europäischem Standard Kleinstädte. Lhasa hatte etwa 30 000 Bewohner, Shigatse 20 000 und Gyantse, die drittgrößte Stadt, 15 000. Die Anordnung der Häuser gab häufig einen Innenhof frei, in dem sich das soziale Leben abspielte. Geheizt wurde nicht überall; als kostbares Brennmaterial diente Yakdung, der an den Häuserwänden getrocknet wurde. In den größeren Städten war es üblich, zum Neujahrsfest, das zwischen Ende Januar und Anfang März stattfindet, die Häuser frisch zu kalken. Nicht nur auf dem Lande, sondern auch in den Städten waren Haustiere weit verbreitet; ebenso Pflanzen und Blumen vor den Fenstern.

In den nordwestlichen und östlichen Landesteilen lebten weit über eine halbe Million Tibeter bis in unser Jahrhundert hinein als Nomaden.

Medizin, Bestattungsriten

Die Höhenlage beeinflußt die Menschen in allen Bereichen des täglichen Lebens. Da aufgrund der langen Frostperiode nicht nur die Nomaden keiner regelmäßigen Körperpflege nachgehen können, ist es um die Hygiene oft nicht so gut bestellt. Zum Schutz vor der Kälte reiben die Menschen ihre Haut mit Yakfett ein. Das kalte Klima sowie die trockene Luft verhindern jedoch gleichzeitig die Ausbreitung von Krankheiten. Für den Fall, daß die natürlichen Mechanismen dennoch versagten, konnten die Kranken auf eine gut entwickelte Heilkunst bauen.

Die tibetische Medizin unterscheidet sich in ihrem theoretischen Ansatz grundlegend von der westlich-naturwissenschaftlichen Schule. Sie wurde deshalb von den Europäern lange als Aberglauben, abgetan. Die Medizinerin Cornelia Weishaar-Günter schreibt dazu: „Wenn man mit den Kriterien der Schulmedizin auf die tibetische Medizin losgeht, ist ganz sicher, daß sie versagen wird: sie wurde nicht entwickelt, um genau auf unsere Fragen zu antworten. Die einzige Möglichkeit, die Qualitäten der tibetischen Medizin wirklich kennenzulernen, ist, von tibetischen Ärzten das ganze System zu lernen: Welche Fragen sinnvoll gefragt werden, wie man sie löst usw."

Der tibetischen Medizin zufolge ist der Körper das Spiegelbild des Makrokosmos. Gesund ist der Mensch, wenn die drei auch als Körpersäfte bezeichneten Grundelemente Wind, Galle und Schleim im Einklang miteinander stehen. Wind symbolisiert Luft, Sauerstoff; Galle Feuer, Körperwärme, die dort erzeugt werden soll, und Schleim Wasser oder Lymphe. Getreu dieser Lehre kuriert der tibetische Arzt nach einem Ganzheitsprinzip; er versucht, das zerstörte Gleichgewicht zwischen den drei Grundelementen wiederherzustellen, statt sich auf die Behandlung von Symptomen zu konzentrieren. Für das leibliche Wohlbefinden spielt die harmonische Beziehung zwischen Geist und Körper eine wichtige Rolle. So ist die Gier dafür verantwortlich, wenn die Wind-Elemente Überhand nehmen. Haß und Neid sorgen für ein Zuviel an Galle. Unwissenheit und Ignoranz erzeugen zuviel Schleim. Damit zeigt sich die tibetische Schule der europäischen voraus, denn erst seit Sigmund Freud werden Krankheiten in unseren Breiten auch als Folge seelischer Störungen angesehen.

Das Standardwerk der tibetischen Medizin stammt bereits aus dem späten 8. Jahrhundert. Das 1400 Seiten umfassende Werk des Arztes Yuthok Yönten Gönpo enthält die Diagnostizierung und Behandlungsmöglichkeit von 84 000 Krankheiten. Yuthok Yönten Gönpo hatte mehrere Jahre in Nepal, Indien und China verbracht und sich die Grundprinzipien der dortigen Heilslehren angeeignet. Bei der Behandlung zur Wiederherstellung des Gleichgewichts zwischen den Körpersäften spielt die Anwendung von Heilkräutern sowie tierischen und mineralischen Arzneimitteln eine wichtige Rolle. Yuthok Yönten Gönpo nennt über 2000 solcher Mixturen. Die medizinischen Schulen waren nach dem Siegeszug des Buddhismus zumeist den Klöstern angegliedert. Ähnlich wie im europäischen Mittelalter waren Mönche die Hüter und Verbreiter der Heilkunst. In Lhasa befand sich die bedeutendste medizinische Hochschule. Sie lag gegenüber dem Potala-Palast auf dem Chagpori (Eisenberg), einem der heiligen Berge der Stadt. Nach 1959 wurde sie von den Roten Garden vollständig zerstört. Heute steht auf dem Chagpori eine große Fernsehantenne.

Neben der Lehrmedizin waren in abgelegenen Landesteilen auch magische Riten als Behandlungsmethode durchaus verbreitet. Die einfache Bevölkerung sah in Krankheiten häufig das Werk von Dämonen und vertraute bei der Heilung deshalb auf Schutzgottheiten, bestimmte Riten und Opfergaben, aber auch auf Heilkräuter. Die Anatomie spielt bei tibetischen Heilern und Ärzten keine große Rolle, obwohl die am weitesten verbreitete Bestattungsart, die Himmelsbestattung, alle Voraussetzungen für ihre Erforschung gegeben hätte. Danach wird die Leiche drei bis fünf Tage nach dem Tod bei Tagesanbruch an einen bestimmten Ort gebracht, von einem Leichenzerstückler zerschnitten und den Geiern überlassen. Diese dem europäischen Gemüt fremde Bestattungsart, die bis heute angewandt wird, hat ganz praktische Ursachen: Mangel an Brennholz sowie in manchen Landesteilen ein über Monate gefrorener und ansonsten steinharter Boden.

Unter bestimmten Voraussetzungen und abhängig von den natürlichen Gegebenheiten gab es noch die Feuer-, Wasser- oder Erdbestattung. Die Feuerbestattung war vor allem reichen Tibetern oder hohen religiösen Würdenträgern vorbehalten. Die Wasserbestattung, bei der der zerstückelte Leichnam dem Fluß übergeben wurde, kennzeichnete zumeist besonders arme Verstorbene wie Bettler. Menschen mit ansteckenden Krankheiten und Verbrecher schließlich wurden in der harten Erde begraben. Diese Methode, den Körper weit weg vom Himmel beizusetzen, galt als besondere Schande – auch für die zurückgebliebene Familie.

Familienstrukturen, Rolle der Frau

Eheschließung und Familiengründung hatten sich im traditionellen Tibet ganz dem Gemeinschaftsinteresse unterzuordnen. So wurden Ehen häufig schon im Kindesalter von den Eltern arrangiert. Wer es wagte, aus den vorgezeichneten Strukturen auszubrechen, wurde, vor allem in adeligen Familien, gesellschaftlich geächtet und individuell enterbt. Polygynie (Ehe eines Mannes mit mehreren Frauen) und – häufiger noch – Polyandrie (Ehe einer Frau mit mehreren Männern) waren keine Seltenheit. Polyandrie hatte zwei Vorteile: Sie diente einerseits dazu, eine Aufsplitterung des Familienbesitzes zu verhindern, denn die verschiedenen Ehemänner einer Frau waren in der Regel Brüder. Andererseits war sie ein sicheres Mittel der Geburtenkontrolle, denn ein zu großes Bevölkerungswachstum mußte aufgrund des harten Überlebenskampfes unbedingt vermieden werden.

Im vorbuddhistischen Tibet haben die Frauen offenbar eine bedeutende Rolle gespielt. In manchen Überlieferungen und Legenden ist sogar von matriarchalischen (mutterrechtlichen) Strukturen während der alten Zeit die Rede, doch verlieren sich exakte Spuren im Dunkel der Vorgeschichte.

Unbestritten ist die relativ gute Stellung adeliger tibetischer Frauen bis in unser Jahrhundert hinein, die sich von den Verhältnissen bei den umliegenden Völkern, wie Chinesen oder Indern, deutlich abhob. Durch den Buddhismus wurde ihre Situation eher schwieriger. Die Lehre Buddhas entstand vor 2500 Jahren in einer extrem patriarchalisch geprägten hinduistischen Kultur Nordindiens; davon konnte sich auch Buddha nicht gänzlich lösen. Die Rolle der Frau als Lebensspenderin führt zu unterschiedlichen theologischen Bewertungen. Da der Buddhismus Leben als Leiden betrachtet, erfreut sie sich in manchen Schriften keiner besonderen Hochachtung. Andererseits bietet nur ein neues Leben eine neue Chance, zur Erleuchtung zu gelangen, und somit kommt der Frau eine große Bedeutung zu, denn nur ganz wenige herausragende Persönlichkeiten erreichen in einem einzigen Leben die Erleuchtung.

Grundsätzlich bietet der Buddhismus den Frauen die Möglichkeit zur Erleuchtung – wenn auch der Weg dorthin schwieriger ist. Buddha hat lange gezögert, Frauenorden zuzulassen und sich erst durch die Fürsprache seines Lieblingsjüngers Ananda dazu bereiterklärt. Für Nonnen herrschen jedoch strengere Regeln und mehr Tabus. Sie dürfen bestimmte Tempel nicht betreten und Ritualgegenstände nicht berühren. Das größte Frauenkloster, Jorkhe Ritrö, beherbergte 800 Nonnen, kaum ein Zehntel des größten Männerklosters Drepung.

Heute macht sich ein Wandel in den Wertvorstellungen bemerkbar. Führende buddhistische Lehrer sehen in den Tabus nichts weiter als Aberglaube und Frauenverachtung. Das tibetische Oberhaupt, der Dalai Lama, hat sogar einmal auf einem Vortrag in Amsterdam erklärt: „Als Buddha vor 2500 Jahren in Indien lebte, hat er den Männern den Vorzug gegeben. Wenn er heute als blonder Mann in Europa leben würde, würde er vielleicht den Frauen den Vorzug geben."

Innerhalb der Familie hat sich die traditionell starke Stellung der Frau bis heute erhalten, und noch immer ist die Geburt eines Sohnes das sicherste Mittel für einen Prestigegewinn nach außen.

Die vorbuddhistische Religion

Die Religion spielt in einem Land, in dem die Menschen dem Einfluß einer extremen Natur so sehr ausgesetzt sind wie in Tibet, natürlich eine große Rolle. Hinter vielen Naturphänomenen wurde, wie auch in gemäßigteren Regionen der Erde, das Walten der Götter gesehen. Die Tibeter kannten deshalb eine ganze Reihe von religiösen Zeremonien, weiße und schwarze Magie oder andere Riten, um die Götter friedlich zu stimmen. Als vorbuddhistische Lehre wird zumeist die Bön-Religion genannt. Die Bön-Lehre fußt jedoch nicht ausschließlich auf tibetischen Traditionen, sondern ist eine typisch synkretistische Religion; das heißt, sie vereint mehrere Glaubensrichtungen. Vor dem Bön war in Tibet eine nicht näher bezeichnete und erforschte Naturreligion verbreitet. Typisch dafür war die Vorstellung, daß die Umwelt, wie Berge, Seen, Wälder, Bäume und anderes, beseelt, also von guten und bösen Geistern bewohnt ist. Diese Anschauung prägt auch die Bön-Lehre.

Weitere Einflüsse kamen aus dem Westen und zwar durch die Lehre Zarathustras sowie den Manichäismus. Zarathustra wirkte zu Beginn des 6. vorchristlichen Jahrhunderts in Persien; der Manichäismus entstand im 3. nachchristlichen Jahrhundert im selben Gebiet. Beide beinhalten ausgeprägte dualistische Vorstellungen, nach denen die gesamte irdische Existenz durch den Kampf zwischen Gut und Böse bestimmt wird, dem sich auch der Mensch nicht entziehen kann. Nach der buddhistischen Missionierung übernahm die Bön-Lehre Elemente vom Buddhismus. Manche Tibetologen klassifizieren sie deshalb als Hochreligion. Die wichtigste Quelle für die Erforschung der Bön-Religion sind Texte aus dem frühen

11. Jahrhundert, als sie zu einer systematischen Lehre entwickelt wurde. Insbesondere in Amdo und Teilen Westtibets hat sich die Bön-Lehre noch erhalten.

Von der Bön-Religion leitet sich wahrscheinlich auch der Eigenname Tibets ab. Bön bedeutet im Alttibetischen singen, rezitieren, was die bedeutende Rolle dokumentiert, die Gesänge in der Religion spielen. Die Tibeter nennen ihr Land Böd und sich selbst Bödpa. Durch die Lautverschiebung im Laufe der sprachgeschichtlichen Entwicklung wurde aus „n" oft „d", aus „Bön" also „Böd". Das im Tibetischen häufig angehängte „pa" ist ein Nominalpartikel, der ein Substantiv personifiziert. Im Deutschen erfüllt „-er" diese Funktion. Wörtlich übersetzt sind die Tibeter demnach die Bön„er", die Anhänger der Bön-Religion.

Mythen und Sagen

Mythen und Sagen waren im vorbuddhistischen Tibet weit verbreitet. Viele wurden nach dem Siegeszug des Buddhismus in ihrer Substanz übernommen und mit buddhistischen Inhalten versehen. So entstammt das Menschengeschlecht in dem berühmtesten Schöpfungsmythos aus der Verbindung eines Affen mit einem weiblichen Dämon. Ihre aufrecht gehenden und stark behaarten Kinder sollen dann das Land bevölkert haben. Diese Mythe demonstriert erneut das offenbar große Wissen der Tibeter um naturwissenschaftliche Zusammenhänge wie die Abstammungslehre, die in Europa erst Jahrhunderte später und unter großen Widerständen Einzug gehalten hat (und von manchen Vertretern obskurer Glaubensrichtungen noch heute vehement abgelehnt wird).

Die buddhistische Tradition hat in dem Affen eine Verkörperung des Schutzgottes Bodhisattva Chenrezi (des Bodhisattvas der Barmherzigkeit) gesehen, der durch die Vereinigung mit der Dämonin, die den weiblichen Bodhisattva Tara symbolisiert, das Menschengeschlecht schaffen wollte. Die weitere Ausschmückung des Mythos verrät eine wenig schmeichelhafte Einstellung gegenüber Frauen: „Sie zeugten zusammen sechs Kinder. Diejenigen, die nach dem Vater gerieten, waren freundlich, fleißig, fromm; die nach der Mutter dagegen habgierig, streitsüchtig und boshaft. Alle aber waren sie mutig, kräftig und zäh."

Die bedeutendste tibetische Sage handelt von dem legendären Held Gesar und spielt in der Provinz Kham. Gesar, ein Sohn des Himmels, wird vom höchsten Gott auf die Erde geschickt und – ähnlich wie bei der christlichen Gottesmutter Maria – von einer Frau geboren, ohne daß ein Mann seinen Beitrag dazu leistet. Gesar befreit durch große Heldentaten und gefährliche Abenteuer das von seinen Feinden bedrängte tibetische Volk und sichert ihm Frieden und Wohlstand.

II. Rivalisierende Stämme und gefürchtete Eroberer – Das tibetische Königtum

Die Himmelskönige

Sagen aus dem alten Tibet, die ähnlich wie in der Gesar-Geschichte von einem goldenen Zeitalter der Vorzeit berichten, sind weit verbreitet. Über die tatsächliche Vorgeschichte Tibets, die Geschichte vor der Einführung der Schrift, ist dagegen wenig bekannt. Weil archäologische Forschungen noch in den Kinderschuhen stecken, sind Mythos und Realität unentwirrbar ineinander verwoben.

Bekannt ist allerdings die Wiege der tibetischen Kultur. Sie steht im Yarlung-Tal, einem südlichen Nebenfluß des Tsangpo. Dort soll der sagenhafte erste König Tibets, Nyatri Tsenpo, im Jahre 127 vor unserer Zeitrechnung den Grundstein zur Yarlung-Dynastie gelegt haben. Ihm folgten bis zum Jahr 842 weitere 41 Könige. Von den ersten fehlen jegliche irdische Spuren. Der Legende nach sind sie direkt vom Himmel herabgestiegen und nach ihrem Tode wieder dorthin zurückgekehrt. Erst die Ermordung des achten Königs der Yarlung-Dynastie durch Rivalen am Hof hat den Kontakt zum Himmel abgebrochen und aus den Überirdischen Erdenbürger gemacht. Heute werden die ersten Könige Tibets Himmelskönige genannt. Aus dieser Epoche stammt das älteste mehrstöckige Steingebäude Tibets, der Königspalast Yumbu Lhakhang. Dieses Monument, das 2000 Jahre alt sein soll, überstand alle Höhen und Tiefen der tibetischen Geschichte – bis es nach 1959 den chinesischen Roten Garden zum Opfer fiel.

Die Legenden, die sich im Laufe der Geschichte um die ersten Könige aus dem Yarlung-Tal gerankt haben, enthalten zweifellos einen wahren Kern. In der Epoche vor der Zeitenwende fand nämlich in Tibet die Herausbildung lokaler Fürstentümer und kleiner Königreiche statt. Ein Zusammengehörigkeitsgefühl auf lokaler Ebene, das durchaus als Vorläufer eines Nationalbewußtseins bezeichnet werden kann, entstand. Zuvor hatten die eingewanderten Volksgruppen ohne zentrale Herrschaft weitgehend unabhängig voneinander gelebt. Der Kontakt bestand häufig allenfalls in Auseinandersetzungen und Kämpfen um die spärlichen fruchtbaren Weideplätze und Äcker. Den unterlegenen Gruppen blieb zumeist nichts anderes übrig, als nach Westen weiterzuziehen.

Das Tal des Yarlung war allerdings bei weitem nicht das einzige Territorium, in dem sich vor gut 2000 Jahren eine räumlich begrenzte Dynastie herausbildete. Auch im westtibetischen Ngari sowie in Kham und Amdo begann ein sehr langsamer Prozeß der Zentralisierung. Die Yarlung-Dynastie war es jedoch, die sich im Laufe der Jahrhunderte durchsetzen konnte und bis zum Ende des sechsten nachchristlichen Jahrhunderts ihre Herrschaft über große Teile des tibetischen Kulturbereichs ausgedehnt hatte. Der erste historisch faßbare König war Namri Songtsen zu Beginn des 7. Jahrhunderts. In der Reihenfolge der Yarlung-Herrscher nimmt er den 33. Rang ein (nach anderen Zählungen auch den 32.). 620 folgte ihm sein Sohn, der vielen Tibetern noch heute als der bedeutendste König ihrer Geschichte gilt: Songtsen Gampo.

Die Religionskönige

Songtsen Gampo regierte 29 Jahre lang und machte sich vor allem als innenpolitischer Reformer, aber auch als kluger Diplomat und Armeeführer einen Namen. Er gab den Anstoß zur Einführung des tibetischen Kalenders, von Maß- und Gewichtseinheiten sowie der Schrift, für deren Entwicklung er eigens seinen Minister Thönmi Sambhota nach Kaschmir entsandte. Um das inzwischen stattliche Reich besser regieren zu können, begann unter seiner Herrschaft der Aufbau einer Infrastruktur. Einfache Wege, Brücken und Kanäle verbesserten die Kontakte zwischen den schwer zugänglichen Landesteilen.

Berittene Kuriere konnten das Herrschaftsgebiet in einigen Monaten von einem Ende bis zum anderen durchqueren.

Darüber hinaus verlegte Songtsen Gampo die Hauptstadt vom Yarlung-Tal knapp 100 Kilometer nordwestlich in das Tal des Kyichu, wo er die Stadt Lhasa gründete, die seitdem das unbestrittene politische und religiöse Zentrum Tibets ist. Der Monarch schuf eine vergleichsweise moderne Regierungsform mit einem Kabinett aus neun Ministern, von denen jeder in Eigenverantwortung sein Ressort betreute.

Im Kontakt zu den Nachbarreichen vertraute Songtsen Gampo sowohl auf sein diplomatisches Geschick wie auf seine militärische Stärke. 637 heiratete der bereits mit zwei tibetischen Adelsfrauen liierte König die nepalesische Prinzessin Bhrikuti. Mit ihr kamen nepalesische Künstler und Gelehrte ins Land, die in den folgenden Jahrhunderten die tibetische Kultur nachhaltig beeinflußten. Dies galt nicht zuletzt für den religiösen Bereich, denn Bhrikuti war Buddhistin. Mit ihr gelangte die Lehre Buddha Gautamas zum ersten Mal bewußt auf das Dach der Welt.

Der Legende zufolge haben zwar bereits im dritten Jahrhundert unter König Lhathothori Nyantsen Reisende buddhistische Schriften von Indien nach Tibet gebracht, doch stießen die in Sanskrit verfaßten Texte dort nur auf Unverständnis. König Lhathothori Nyantsen soll sie deshalb für spätere Generationen bewahrt haben. Unter Songtsen Gampo schien die Zeit für den Buddhismus reif. Prinzessin Bhrikuti gründete den Jokhang-Tempel im Zentrum der neuen Hauptstadt. Der Einfluß des neuen Glaubens am Hof von Lhasa stieg, als Songtsen Gampo 641 eine vierte Prinzessin zur Frau nahm, die Chinesin Wen Cheng, ebenfalls eine Buddhistin. Wen Cheng gründete den Ramoche-Tempel, wo sie eine Statue des Jowo-Buddha aufstellte. Als später eine Invasion der Chinesen drohte, überführten die Tibeter diese Statue in den Jokhang-Tempel, in der Hoffnung, er werde durch das chinesische Gastgeschenk vor der Zerstörung bewahrt.

Tatsächlich dient den Chinesen dieses Standbild, das noch heute im Jokhang zu besichtigen ist, als Nachweis für die buddhistische Missionierung Tibets durch China. Ob diese Interpretation gerechtfertigt ist, soll in Kapitel V näher untersucht werden. Mehr noch als bei allen anderen Ehen des Königs muß bei dieser letzten die Diplomatie statt der Liebe eine Rolle gespielt haben. Seit 634 hatten sich die Spannungen zwischen Chinesen und Tibetern erhöht und zu einzelnen bewaffneten Auseinandersetzungen geführt. Das Heiratsband zwischen beiden Herrscherhäusern schlichtete zunächst die Feindseligkeiten.

Unter dem Einfluß von Bhrikuti und Wen Cheng konvertierte Songtsen Gampo vermutlich zum Buddhismus. Zwar sind darüber inzwischen Zweifel aufgekommen, doch gilt Songtsen Gampo nach wie vor als der erste Religionskönig der tibetischen Geschichte. Der neue Glaube blieb allerdings vorerst eine Angelegenheit der Elite; unter der einfachen Bevölkerung genoß die Bön-Religion ungebrochene Verehrung.

Die territoriale Ausdehnung

Bei Songtsen Gampos Tod im Jahr 649 reichte das tibetische Herrschaftsgebiet vom See Kokonoor im Nordosten bis an die Grenze von Turkestan im Nordwesten. Die Reformen des Königs im Innern hatten seinen Nachfolgern den Weg für eine Großmachtpolitik geebnet, die in der Geschichte des Landes einmalig bleiben sollte. König Mangsong Mangtsen, der von 649 bis 676 regierte, eroberte den Westteil von Kaschmir, die Stadt Kashgar und weite Teile Ostturkestans. Schließlich erreichten seine Soldaten sogar die indischen Territorien Bihar und Bengalen. In der ersten Hälfte des achten Jahrhunderts drangen tibetische Truppen bis Nepal, Nord-Yunnan, Ladakh sowie Westturkestan vor, das heute zu Usbekistan und Tadschikistan gehört. Zwar konnten die tibetischen Heere die eroberten Gebiete nicht dauerhaft besetzt halten, doch sicherten sie ihren Einfluß durch die Etablierung von Vasallenherrschern, die ihnen regelmäßig hohe Tributzahlungen entrichten mußten. In Fergana, Westturkestan, stießen die Tibeter 715 erstmals mit den arabischen Eroberern zusammen, doch entwickelten sich daraus eher freundschaftliche Beziehungen. Der gegenseitige Respekt verbot es beiden Großreichen offenbar, den anderen zu provozieren. In Fergana konnten sich beide sogar auf die Einsetzung eines Königs über Westturkestan einigen.

Im Jahr 763 eroberten die Soldaten vom Dach der Erde die chinesische Hauptstadt Changan (heute Xian), die mit zwei Millionen Einwohnern größte Stadt der damaligen Welt. Anstelle des geflohenen Kaisers Tai Zong setzten sie einen ihnen ergebenen chinesischen Prinzen auf den Thron und verpflichteten das Reich der Mitte zur Zahlung von 50000 Rollen Seide pro Jahr. Die Herrschaft über die chinesische Hauptstadt währte jedoch nur 15 Tage; dann zogen sich die tibetischen Truppen zurück. 24 Jahre später tauchten sie erneut vor Changan auf, wurden jedoch nach zweijähriger Belagerung zurückgeschlagen. Dennoch blieb der Einfluß des tibetischen Königshauses auf die chinesische Politik beträchtlich.

Verantwortlich für die Feldzüge gegen die Hauptstadt Chinas war König Trisong Detsen, der von 755 bis 797 regierte und ähnlich wie Songtsen Gampo als einer der bedeutendsten Herrscher gilt – nicht nur aufgrund seiner Kriegszüge.

Die erste Verbreitung der buddhistischen Lehre

Trisong Detsen war ein ausgesprochener Förderer des Buddhismus, der nach wie vor auf die engere Umgebung des Hofes von Lhasa beschränkt war. Der König trachtete vor allem danach, dem Buddhismus auch unter der einfachen Bevölkerung zum Durchbruch zu verhelfen. Er rief deshalb eigens den bedeutenden indischen Missionar Padmasambhava aus Bengalen nach Tibet.

Die buddhistische Lehre stammt aus dem sechsten vorchristlichen Jahrhundert. Ähnlich wie das Christentum aus dem Judentum, so ging der Buddhismus aus dem hinduistischen Umfeld hervor. Gründer dieser Religion war Prinz Siddharta Gautama. Er stammte aus dem heutigen indisch-nepalesischen Grenzgebiet. Westliche Forscher datieren sein Geburtsjahr auf 563 v. Chr. Die südasiatische Tradition nennt den 8. Mai 544. Nach einer unbekümmerten Jugend innerhalb der elfenbeinernen Abgeschiedenheit des heimischen Schlosses wurde er im Alter von 29 Jahren erstmals mit dem Elend der Welt konfrontiert. Davon überwältigt ließ Siddharta Gautama seine fürstliche Welt hinter sich und zog mehrere Jahre lang als Asket und Eremit auf der Suche nach Erlösung durch Nordindien. Doch nicht durch asketische Selbstkasteiung, sondern durch meditative Versenkung erreichte er schließlich 528 unter einem Feigenbaum die Erleuchtung. Noch am Ort seiner Erleuchtung, dem Gazellenhain von Sarnath, bei Varanasi (Benares, Nordindien), hielt er seine erste Predigt und anschließend zog er mehrere Jahrzehnte als Wanderprediger durch seine Heimat, bis er im Jahre 480 die Erde verließ.

Streng genommen ist der Ur-Buddhismus eine atheistische Religion ohne Bezug zu Gott oder höheren Mächten und ohne Verheißung auf ein Paradies oder eine göttliche Ordnung; ausgerichtet stattdessen auf ein Nirwana, ein Überwinden jeglicher Bedürfnisse, Wünsche und Sehnsüchte. Seinem Lieblingsjünger Ananda bekannte Buddha, der Erleuchtete, kurz vor seinem Eintritt ins Nirwana: „Das Eingehen in die Unendlichkeit des Raumes, die Vernichtung von Wahrnehmung und Empfindung, das ist das Ziel."

Da die Menschen offenbar auch im Buddhismus nicht ohne konkrete Vorbilder auskommen konnten, entstanden im Laufe der religionsgeschichtlichen Entwicklung Gottheiten. Sie symbolisieren Begriffe wie Weisheit oder Güte. Auch die Buddhagestalt entwickelte sich immer vielfältiger. So existieren heute unter anderem der Urbuddha Adibuddha, der historische Buddha Shakyamuni, der zukünftige Buddha Maitreya sowie eine solche Vielzahl weiterer Verkörperungen, daß sie selbst von Experten nur schwer vollständig überschaut werden können. In der religiösen Hierarchie folgen nach den Buddhas die Bodhisattvas, Wesen, die kurz vor der Erleuchtung stehen, aber freiwillig darauf verzichten, ins Nirwana einzugehen, um den übrigen Menschen auf dem Weg dorthin helfen zu können. Erst wenn alle Menschen dieses Ziel erreicht haben, verlassen auch die Bodhisattvas den Kreislauf der Wiedergeburten.

Die Lehre Buddhas beinhaltet als Kern die „vier edlen Wahrheiten", daß 1) Leben Leiden bedeutet; 2) Leiden aus menschlichen Eigenschaften wie Haß, Gier, Neid, Sinnlichkeit oder Unwissenheit resultiert; 3) der Mensch sich selbst von dem Leid befreien kann und 4) der Weg zur Befreiung vom Leid, dem Eingang ins Nirwana, in der Lehre aufgezeichnet ist. Dieser Weg wird in der buddhistischen Lehre als „edler achtgliedriger Pfad" bezeichnet, für den verschiedene ethische und sittliche Normen gelten. Deren Befolgung führt schließlich zur „rechten Befreiung", das heißt zum Ausstieg aus dem Kreislauf der Wiedergeburten. Der Buddhismus zeichnet sich im allgemeinen durch eine große Toleranz aus und verzichtet zumeist auf eine aggressive Missionierung, wie sie vor allem im Islam, aber auch im Christentum üblich war und ist. Zudem bekennt sich der Buddhismus zum Prinzip der Gleichheit aller Menschen.

Etwa 500 Jahre nach seiner Gründung spaltete sich die Religionsgemeinschaft. Der Theravada oder Hinayana, auch bekannt als das „Kleine Fahrzeug", verfolgte das Ziel, seinen Anhängern den individuellen Weg zur Erleuchtung zu weisen. Diese Richtung dominiert heute in den südasiatischen Ländern Sri Lanka, Birma, Thailand, Laos und Kambodscha. Der Mahayana, oder das „Große Fahrzeug", will die Erleuchtung für alle Lebewesen, und somit spielen die Bodhisattvas eine große Rolle. Naheliegenderweise kommt sozialen Aspekten, Barmherzigkeit und guten Werken eine wichtige Bedeutung zu. Der Mahayana-Buddhismus ist in Vietnam, der Mongolei, China, Korea, Japan, Nepal, Bhutan, Ladakh und Tibet verbreitet.

Der Buddhismus, den der indische Gelehrte Padmasambhava in der zweiten Hälfte des 8. Jahrhunderts nach Tibet brachte, war der Vajrayana, oder tantrische Buddhismus, ein Zweig des Mahayana. Der tantrische Buddhismus war um 500 nach unserer Zeitrechnung entstanden und stark vom hinduistischen Shivakult beeinflußt. In Teilen Indiens dominierte er bis zum Einfall der Moslems im 10. Jahrhundert.

Im tantrischen Buddhismus, der immer in Gefahr stand, mißbraucht zu werden, waren magische Rituale und mystische Kulte als Mittel zur Erlösung willkommen. Viele hervorragende Gelehrte praktizierten den Tantrismus, weil sie der Überzeugung waren, mit dem Studium allein nicht zur Erleuchtung gelangen zu können. Das Wesen der tantrischen Praktiken erläutert der Journalist Peter-Hannes Lehmann in seinem Buch „Tibet – Das stille Drama auf dem Dach der Erde": „Der Tantriker bemüht sich, durch Konzentration von Geist und Körper jene Kraft zu erwerben, die ihn befähigt, jederzeit und bewußt geistige Phänomene Gestalt annehmen zu lassen und andererseits reale physische Dinge zu entmaterialisieren, das heißt ins Geistige zu verbannen. Die Scheinwelt muß hergestellt werden, um die Welt des Scheins zu entlarven, denn nur so wird wieder einmal deutlich, daß nichts aus sich selbst heraus existiert, also alles vergänglich ist. Das tantrische Denkmodell fordert absolutes Abstraktionsvermögen und in der Praxis jahrzehntelanges Training, um schrittweise zur höchsten Erkenntnis zu gelangen."

Angesichts des magischen Charakters der Bön-Religion hatte es diese Art des Buddhismus leichter, im tibetischen Volk Fuß zu fassen. Padmasambhava verfolgte bei seiner Missionstätigkeit denn auch die Methode, die den Christen in den ersten Jahrhunderten ihrer Verbreitung zu großen Bekehrungserfolgen verholfen hatte. Statt die vorherrschenden traditionellen Gottheiten und Riten zu bekämpfen, integrierte er sie in die neue Religion. Aus Bön-Kulten wurden buddhistische Kulte, und so erlangte die neue Lehre allmählich eine Basis in der Bevölkerung.

Um 770 legte Padmasambhava den Grundstein zum ältesten buddhistischen Kloster Tibets, Samye, das 60 Kilometer südöstlich von Lhasa am Tsangpo entstand und innerhalb von zwölf Jahren fertiggestellt war. Noch vor seiner Vollendung erhob König Trisong Detsen im Jahre 779 den Buddhismus zur Staatsreligion. Nach wie vor wetteiferten jedoch die chinesische und die indische Schule um die Vorherrschaft am Hof. Die Chinesen vertraten den Chan- oder Zen-Buddhismus, der aufgrund bestimmter Praktiken zu einer spontanen, plötzlichen Erleuchtung führen konnte. Die Inder befolgten dagegen die Mahayana-Philosophie der stufenweisen Erleuchtung. Um den Richtungsstreit innerhalb der ständig wachsenden Gemeinschaft zu beenden, fand von 792–794 das Konzil von Samye statt, auf dem sich die indisch-nepalesische Schule durchsetzte. Der chinesische Einfluß auf die tibetische Religion war damit für nahezu ein Jahrtausend zurückgedrängt.

Der allmähliche Zerfall des Reiches

Beim Tod des Königs Trisong Detsen drei Jahre nach dem Konzil von Samye hatte Tibet die größte Ausdehnung seiner Geschichte erreicht. Gleichzeitig war es von heftigen Kämpfen zwischen den Anhängern der beiden Religionen zerrissen. Auf den so erfolgreichen König Trisong Detsen folgte der glücklose und erst 16 Jahre alte Mune Tsenpo, dessen Regierungszeit nur 18 Monate dauerte. Er scheiterte vor allem an seinem sozialen Engagement. Mune Tsenpo nahm den Gleichheitsgrundsatz des Buddhismus ernst und verfügte eine tiefgreifende Landreform, mit der er sich den Adel naturgemäß zum Feind machte. Als er bei seinen Reformversuchen eine für den Adel unerwartete Hartnäckigkeit an den Tag legte, wurde er, vermutlich sogar auf Geheiß seiner Mutter, kurzerhand ermordet.

Seine beiden Nachfolger Tride Songtsen (799–816) und Ralpachen (816–836) setzten sein Werk nicht fort, sondern bemühten sich vor allem um die Absicherung der buddhistischen Vorherrschaft. Ralpachen führte seine Truppen zudem einmal mehr gegen China, und erst ein erneuter Friedensvertrag im Jahr 821 beendete die Feindseligkeiten. Buddhistische Würdenträger auf beiden Seiten hatten großen Anteil an dem Friedensschluß.

Ralpachen war einer der wichtigsten – und gleichzeitig der letzte – Förderer des Buddhismus unter den tibetischen Königen. Da er große Ländereien an die Klöster verschenkte und sogar öffentlich Almosen für den Klerus eintreiben ließ, konnte die Zahl der Mönche drastisch ansteigen. Dies ermöglichte eine verstärkte Übersetzung buddhistischer Schriften aus Indien sowie eine Überarbeitung der bereits vorhandenen. Der noch immer eher junge Glaube sollte damit auf eine solide Basis gestellt werden.

Noch war die Macht der Bön-Anhänger indes nicht gebrochen, und sie dachten keinesfalls daran, sich im Kampf um die religiöse Vorherrschaft in Tibet geschlagen zu geben. Ihr Aushängeschild war der ältere Bruder von Ralpachen, Langdarma, den die buddhistische Geschichtsschreibung später den Bösen nennen sollte.

Im Jahr 836 ermordeten Bön-Anhänger Ralpachen und setzten Langdarma auf den Thron. Damit begann eine Renaissance der Bön-Religion, die – ein letztes Mal – ihre dominierende Stellung zurückgewinnen konnte. Chronisten berichteten von grausamen Verfolgungen der Buddhisten; Gläubige wurden hingerichtet, indische Lehrer verbannt, Schriften verbrannt und Kultstätten zerstört. Zweifellos waren die Bön-Anhänger wenig zimperlich im Kampf gegen ihre Rivalen, doch darf bei derartigen Berichten nicht vergessen werden, daß sie aus buddhistischer Feder stammen. Überlieferungen der Bön, die letztlich die Verlierer in Tibet waren, sind wenig erforscht.

Die Herrschaft Langdarmas währte sechs Jahre. 842 fiel er dem Attentat eines buddhistischen Mönchs zum Opfer, der sich als Bön-Priester verkleidet hatte. Mit seinem Tod endete das tibetische Königtum. Das einst so mächtige Reich verlor seine Eroberungen und zerfiel in ungezählte kleine und sich bekämpfende Fürstentümer. Noch ein Jahrhundert lang tobte der Kampf zwischen den beiden Religionen; erst dann konnte sich der Buddhismus endgültig durchsetzen und ein neues Zeitalter einläuten.

III. Die Lehre aus dem Süden –
Die erfolgreiche Mission des Buddhismus

Terror der Provinzpotentaten

Nach der Ermordung Langdarmas herrschten Terror und Willkür in Tibet. Provinzpotentaten, zu neuer Macht emporgestiegene Bön-Fürsten und ehrgeizige Militärkommandanten machten sich gegenseitig die Herrschaft streitig. Die Zeche zahlte – wie immer in der Geschichte – die einfache Bevölkerung, vor allem die Bauern, die den kleinen und großen Despoten als Leibeigene willkürlich ausgeliefert waren und denen überhöhte Abgaben häufig die Existenzgrundlage raubten.

Im spirituellen Bereich feierten Zauberei und Okkultismus fröhliche Urständ. Der Buddhismus – oder das, was in seinem Namen verbreitet wurde – überlebte, indem er sich immer mehr der Bön-Religion annäherte. Statt des Studiums der Schriften und meditativer Versenkung sollten diverse magische Kulte und Übungen den Weg zur Erleuchtung weisen. Wundertäter, seltsame Heilige und fanatische Asketen verzeichneten Hochkonjunktur. Trotz der Anpassung an den Bön-Kult konnte der Buddhismus in weiten Landesteilen nicht offen praktiziert werden. Die Fürsten, die sich zur Bön-Religion bekannten, führten die von Langdarma eingeleitete Verfolgung fort.

Die zweite Verbreitung der Lehre

In der zweiten Hälfte des 10. Jahrhunderts setzte eine Erneuerung der ursprünglichen Lehre Buddhas ein. Diese Wiederbelebung ging von dem 866 gegründeten westtibetischen Königreich Guge aus, das zu den bedeutenderen der nach dem Tode

Langdarmas entstandenen Herrscherhäusern gehörte. Yeshe Ö, der König von Guge, entsandte zunächst einige junge Gelehrte ins benachbarte Kaschmir, die dort buddhistische Schriften studieren und erwerben sollten. Zudem rief er den über die Grenzen seiner bengalischen Heimat hinaus bekannten Gelehrten Atisha an seinen Hof. 1042 traf Atisha in Guge ein. Dort legte er den Grundstein zur zweiten Verbreitung der Lehre, an deren Ende mit dem Dalai Lama eine Verschmelzung von religiöser und weltlicher Macht stand, wie sie in der Menschheitsgeschichte nur selten anzutreffen ist.

Um eine Basis für die neue Verkündigung zu gewinnen, gründete Atisha gemeinsam mit seinem Schüler Drontön den Kadampa-Orden und ließ im ganzen Land Klöster errichten. Im Gegensatz zur populären magischen Praxis stellte er das Studium der Mahayana-Philosophie in den Mittelpunkt. Nach einigen Jahren Lehrtätigkeit in Guge siedelte Atisha nach Zentraltibet über und gründete etwa 50 Kilometer südwestlich von Lhasa das Kloster Nethang, wo er bis zu seinem Tode 1054 lebte und begraben wurde. Atisha unterwarf die Mönche einer strengen Ordensdisziplin und führte das Zölibat ein.

Diese Reform wurde von der alten Schule Nyingma, die sich auf Padmasambhava beruft, nicht akzeptiert.

Bedeutende Missionare und neue Schulen

Noch zur Zeit Atishas beeinflußten zwei weitere indische Missionare, die selbst nie in Tibet waren, die dortige Entwicklung: Tilopa und sein Schüler Naropa. Sie schufen einen Mittelweg zwischen der Tradition, die das Schwergewicht auf das Studium der Schrift legte, und derjenigen, die darüber hinaus in tantrischen Ritualen den Weg zur Erlösung sah. Naropas Schüler war der Tibeter Marpa, der zum ersten einheimischen Lehrer dieser Tradition wurde. Marpa, der von 1012 bis 1090 lebte, war in seiner Jugend nach Indien gezogen, um Schüler Naropas zu werden. Zurück in der Heimat gründete er Mitte des 11. Jahrhunderts die Kagyüpa-Schule, deren geistigen Ursprung die Lehren Naropas bildeten. Yoga und Meditation spielten dabei eine besondere Rolle; ein Zölibat für Yogis gab es nicht, Marpa selbst war verheiratet. Unter Marpas Einfluß wuchs eine der außergewöhnlichsten Persönlichkeiten der tibetischen Geschichte heran: Milarepa.

Milarepa (1040–1123) war Mystiker, Yogi, Einsiedler und beeindruckte seine Landsleute vor allem dadurch, daß es ihm gelang, in einem Leben die Erleuchtung, die Buddhaschaft, zu erreichen. Der Weg dorthin war schwer, und Marpa erwies sich den Überlieferungen nach als harter Lehrer. Um Milarepa von allen Bedürfnissen zu befreien, hat ihm Marpa körperliche Torturen ebenso auferlegt wie mentale Konzentrationsübungen, die zur völligen Kontrolle über die Körperfunktionen führten. Nachdem Milarepa die Erleuchtung erlangt hatte, zog er sich in einsame Höhlen zurück, wo er sich der Meditation hingab. Dort behauptete er von sich: „Der Adler bin ich, der über den Bergen kreist. Befreit bin ich und ledig jeder Fessel (...)".

Doch Milarepa verfügte nicht nur über bemerkenswerte spirituelle Fähigkeiten, sondern auch über eine herausragende künstlerische Begabung. Er gilt bis heute als der bedeutendste Dichter Tibets. Sein Repertoire umfaßte religiöse Lieder und Hymnen an Buddha ebenso wie Spottverse auf die Anmaßung und Bigotterie mancher geistlicher Würdenträger. Heute würde ihm möglicherweise das Etikett „sozialkritisch" angeheftet.

Die Kagyüpa- und Kadampa-Schule waren nicht die einzigen Neugründungen zu Beginn der zweiten Verbreitung der Lehre. Ein religiöser Aufbruch erfaßte das Land. Offensichtlich war im tibetischen Volk nach den Jahrzehnten der Unruhe und Willkür, die auf den Tod des letzten Königs gefolgt waren, ein weit verbreitetes Bedürfnis nach Lehren und Regeln vorhanden, egal ob tantrische Rituale oder dogmatische Studien im Mittelpunkt standen.

Unter Milarepas Schüler Gampopa spalteten sich die Kagyüpa in vier Hauptlinien. Aus einer von ihnen gingen acht weitere kleinere hervor. Die bis heute wichtigsten davon sind die Karma Kagyü, die Drukpa Kagyü sowie die Drikung Kagyü. Das Hauptkloster der Karmapa, das 1189 erbaute Tsurphu, liegt 60 Kilometer nordwestlich von Lhasa.

Noch eine weitere Schule verzeichnete regen Zulauf, die Sakyapa, deren Hauptkloster Sakya aus dem Jahr 1073 stammt. Die Sakyapa standen den Kadampa näher als den Kagyüpa. Sie leisteten wichtige Beiträge zur buddhistischen Logik und Dogmatik und übernahmen in der Mitte des 12. Jahrhunderts die Vorherrschaft in Tibet. Somit gab es gut 100 Jahre nach Atishas Missionierung vier wichtige Richtungen innerhalb des tibetischen Buddhismus: 1) die alte Nyingmapa-Schule, die auf Padmasambhava zurückgeht; 2) die Kagyüpa mit ihren Abspaltungen; 3) die aufstrebende Sakyapa; 4) die Kadampa. Die ersten drei werden im allgemeinen als Rotmützen bezeichnet.

Die Reinkarnationslehre

Auf die Kagyüpa, oder genauer gesagt die Karma-Kagyü-Schule, geht eine weitere Besonderheit des tibetischen Buddhismus zurück, die Reinkarnationslehre, die Lehre von der Wiedergeburt.

Inkarnation bedeutet wörtlich „Fleischwerdung" oder „Verkörperung". Der tibetische Buddhismus betrachtet große Lehrer und Weise als Verkörperung eines Buddha oder Bodhisattva. Diese Inkarnation ist nicht an das jeweilige Individuum gebunden, das ja ohnehin höchst vergänglich ist, sondern an ein bestimmtes Amt, eine bestimmte Position, etwa Abt eines großen Klosters oder Oberhaupt einer Glaubensrichtung. Wenn der Amtsinhaber stirbt, bleibt sein Amt erhalten und damit die zugrundeliegende Inkarnationsidee. Getreu der Lehre vom Kreislauf der Wiedergeburten, kehrt der Verstorbene in einem neugeborenen Kind zur Erde zurück. Die Suche nach dem Neugeborenen, das dieselbe Inkarnation verkörpert, obliegt hohen religiösen Würdenträgern und verlangt große Anstrengungen. Für ein westlich-rationalistisches Weltbild gehört dieser Aspekt zu den am schwersten verständlichen Bestandteilen des tibetischen Buddhismus, da er dem diesem Weltbild eigenen Realitätsverständnis einiges zumutet.

In manchen Fällen hat der Verstorbene bereits konkrete Hinweise auf seine Wiedergeburt hinterlassen. Fehlen diese, deuten möglicherweise Naturereignisse wie Wolkenkonstellationen auf die neue Niederkunft hin und zeigen den Zurückgebliebenen, in welcher Region sie suchen müssen. Sobald einige in Frage kommende Kinder ermittelt wurden, werden sie einer strengen Prüfung unterzogen. So müssen sie Gegenstände aus dem privaten Besitz des Toten identizifieren und von fremden unterscheiden können. Auch körperliche Merkmale, die zur Besonderheit des Verstorbenen gehörten, müssen bei dem Neugeborenen wiederzuerkennen sein. Bis die neue Inkarnation zweifelsfrei erkannt ist, vergehen häufig Jahre. Das Kind wird dann der Obhut seiner Eltern entzogen und in dem zuständigen Kloster auf seine kommenden Aufgaben vorbereitet. Sofern dazu auch weltliche Dinge zählen, die während der Ausbildung des Kindes nicht unerledigt bleiben dürfen, übernimmt ein Vormund, zumeist ein hoher geistlicher Würdenträger, die Aufgaben bis zu dessen Volljährigkeit. Das Reinkarnationskonzept betont also die geistige Kontinuität im Gegensatz zur körperlichen, das heißt zur Erben- und Ahnenreihe.

Die Mongolenherrschaft

Der religiöse Aufbruch im Lande hatten den Klöstern und Glaubensrichtungen einen höchst zweifelhaften Erfolg beschert: weltliche Macht. Am Ende des 12. Jahrhunderts standen die Äbte der großen Klöster gleichberechtigt neben den Fürsten. Sie verfügten über beträchtliche Reichtümer, die sie nicht nur für uneigennützige Zwecke einsetzten, und ließen Bauern sowie Hirten für sich arbeiten. Die Reform Atishas mit seinen Forderungen nach Disziplin und Abkehr von weltlichen Dingen schien in Vergessenheit zu geraten.

In dieser Epoche betrat ein Volk die Bühne der Weltgeschichte, das die Geschicke der Tibeter für Jahrhunderte entscheidend mitbestimmte und das ungeachtet seiner eigenen Machtfülle so sehr von den Tibetern beeinflußt werden sollte: die Mongolen. 1206 vereinigte Fürst Dschingis Khan die zerstrittenen mongolischen Stämme und begann mit dem Aufbau eines schlagkräftigen Reiterheeres. Bereits ein Jahr später erreichten mongolische Truppen Tibet, wo sich ihnen die Fürsten und Äbte ohne Widerstand unterwarfen. Die schon bald vom pazifischen Ozean bis Mitteleuropa gefürchteten Verbände Dschingis Khans zeigten zunächst jedoch nur wenig Interesse am kargen Dach der Welt. Die Eroberung der chinesischen Hauptstadt Peking 1215 und der Drang nach Westen nahmen Dschingis Khan und seine Nachfolger mehr in Anspruch. Erst 40 Jahre nach dem ersten Einfall wandten sich die Mongolen erneut Richtung Tibet, wo es die Mächtigen einmal mehr wohlweislich vermieden, militärischen Widerstand zu leisten. Der einflußreichste Mann in Tibet, der Abt des Klosters Sakya, beeilte sich, Dschingis Khans Sohn Göden seine Unterwerfung zu bekunden.

Die tibetisch-mongolischen Beziehungen

Die Beziehung zwischen Tibetern und Mongolen kann jedoch mit den üblichen Kriterien von Unterworfenen und Eroberern nicht erfaßt werden. Der mongolische Hof entwickelte ein ausgeprägtes Interesse am tibetischen Buddhismus, und dadurch verschafften sich die Tibeter einen wachsenden Einfluß auf das mächtigste Reich Asiens. 1247 bat Göden den Sakya-Abt Pandit Künga Gyaltsen zu sich – wobei die Bitte dergestalt abgefaßt war, daß sie keinen Widerspruch duldete. So zog der einflußreichste Mann Tibets mit stattlichem Gefolge an Gödens Hof. Seine Mission war oberflächlich betrachtet ausgesprochen erfolgreich; knapp 20 Jahre nach seiner Ankunft wurde der Buddhismus zur Staatsreligion erhoben, doch blieb er zunächst eine Angelegenheit der Elite. Als Ehrerbietung gegenüber seinem Lehrer ernannte Gödens Nachfolger Kublai Khan 1260 den Neffen des Sakya-Abts, Drogen Phagpa Lodrö, zum Herrscher über Tibet. Beide erneuerten das Bündnis ihrer Vorgänger. Mit der Vergabe der zentralen Macht über Tibet an einen Abt, die zumindest die Provinzen Ü und Tsang einschloß, begann die Verquickung von weltlicher und religiöser Macht. Phagpa konnte diese Macht persönlich jedoch nicht auskosten, denn er mußte am Hof Kublai Khans bleiben, wo er unter anderem eine mongolische Schrift entwickelte. 1263 erhielt er den Titel Dishi (kaiserlicher Lehrer).

Mit Blick auf das europäische Mittelalter werden die tibetisch-mongolischen Beziehungen bisweilen als „Kaiser-Papst-Verhältnis" bezeichnet – eine Einschätzung, die jedoch einer genauen Betrachtung kaum standhält. Während die mittelalterlichen Päpste über enorme und eher unbiblische militärische Macht verfügten und ihre Divisionen die des Kaisers im Heiligen Römischen Reich Deutscher Nation nicht selten übertrafen, achteten die Mongolen sehr genau auf die Einhaltung der Gewaltenteilung: In ihrer Hand lag die Machtpolitik, die militärische Gewalt, die Tibeter waren für das Religiös-Spirituelle zuständig. Ihre weltliche Macht beschränkte sich auf den Bereich, der heute als Innenpolitik bezeichnet wird. Wenn schon ein Vergleich mit der europäischen Geschichte herhalten soll, um das Verhältnis zwischen Tibetern und Mongolen zu beschreiben, dann treffen wohl am ehesten die römisch-griechischen Beziehungen der Antike den Kern. Während die einen die militärische Macht ausübten, verfügten die anderen dank ihrer Kultur über einen beträchtlichen Einfluß auf die Gewaltherrscher.

Weitere Machtkämpfe und Ausschreitungen

Unter der mongolischen Oberherrschaft brachen im ausgehenden 13. Jahrhundert erneut offene Kämpfe zwischen rivalisierenden Klöstern und Fürsten aus. Vor allem die Sakyapa scheuten gelegentlich vor der Zerstörung anderer Klöster nicht zurück. Zu ihrem wichtigsten Rivalen um die Macht in Tibet wurde zu Beginn des 14. Jahrhunderts das weltliche Fürstengeschlecht der Phagmodrupa, das schließlich 1347 die Auseinandersetzungen für sich entschied und sogar von den Mongolen anerkannt wurde. Obwohl auch während dieser Epoche einzelne Persönlichkeiten die ursprünglichen Ideale der buddhistischen Lehre hochhielten – so der Gelehrte Butön (1290–1364), der den 108bändigen buddhistischen Kanon auf tibetisch überarbeitete und systematisierte – herrschten insgesamt Intrigen, Machtkämpfe und ein galoppierender Verfall der religiösen und politischen Moral. Parallelen zum 9. und 10. Jahrhundert drängen sich auf. Buddhistische Mönche frönten dem Alkohol, was nach Buddhas Lehre streng verboten ist, sowie sexuellen Ausschweifungen. Einfluß auf die Bevölkerung verschafften sich diese unseligen Heiligen einmal mehr durch Mißbrauch tantrischer Praktiken und schwarze Magie, also Zauberei, die einem anderen unmittelbar Schaden zufügen soll. So war es mehr die Furcht als die Ehrfurcht, die die Menschen in ihren Bann schlug.

Diesmal dauerte es indes kein volles Jahrhundert, bis ein neuer Reformator auftrat, der im Geiste Atishas eine durchgreifende Veränderung der gesamten tibetischen Gesellschaft einleitete.

IV. Eine Reformation mit politischen Dimensionen – Die Herrschaft der Gelben Kirche

Tsongkhapas Feldzug gegen die Unmoral

Im Jahre 1357 wurde im Osten der Provinz Amdo ein Junge geboren, den europäische Schreiber gern mit Martin Luther vergleichen: Tsongkhapa. Dies erscheint angesichts Tsongkhapas nachhaltiger Wirkung sogar noch eher untertrieben, denn ihm gelang es nicht nur, den religiösen Bereich grundlegend zu reformieren, sondern auch die politische Entwicklung entscheidend zu beeinflussen.

Tsongkhapa, auf deutsch „der Mann aus dem Zwiebeltal", der eigentlich Losang Dragpa hieß, zeigte von Kindesbeinen an ein ausgeprägtes Interesse am Studium buddhistischer Schriften. So war sein Weg in ein Kloster früh vorgezeichnet. Dort erlebte er jedoch den Abgrund, der im ausgehenden 14. Jahrhundert zwischen Buddhas Lehre und dem Treiben der Mönche klaffte. Befremdet von den wenig göttlichen Tugenden, die damals weit verbreitet waren, ging er mit sechzehn Jahren auf die Wanderschaft. An verschiedenen Orten, die noch nicht dem Zeitgeist huldigten, vervollständigte er seine buddhistische Bildung. Schon bald beließ er es nicht mehr beim stummen Protest gegen die heruntergekommene religiöse Praxis, sondern verfaßte zornige Schriften gegen den Mißbrauch von Buddhas Lehre durch Äbte und andere Würdenträger. Auch in öffentlichen Reden prangerte er die Fehlentwicklung lauthals an. Das religiöse Establishment sah seine Macht gefährdet und agitierte seinerseits gegen den moralischen Eiferer. Unter der nachrückenden Mönchsgeneration stieß Tsongkhapa jedoch auf zum Teil enthusiastische Zustimmung. Offensichtlich hatte er ein Anliegen aufgegriffen, das vielen am Herzen lag: zurück zu den buddhistischen Wurzeln.

Die Schule der Tugendhaften

1409 gründete der Reformator in einem unwegsamen Berggelände vierzig Kilometer östlich von Lhasa das Kloster Ganden, das er zu seinem Hauptsitz erkor. Um sich eine Basis für die Restauration zu schaffen, gründete er eine neue Schulrichtung innerhalb des tibetischen Buddhismus, die Gelugpa, die Schule der Tugendhaften. Die Gelugpa sind im Westen aufgrund ihrer Kopfbedeckung auch als Gelbmützen bekannt.

Die Vorschriften dieser Schule lassen sich leicht erahnen. Strenge Disziplin und Abkehr von weltlichen Dingen bestimmen den neuen Orden bis heute. Vollordinierte Mönche müssen sich den von Buddha verordneten 253 Regeln unterwerfen. Dazu gehören das Zölibat ebenso wie Fastenübungen. Tsongkhapa ging mit gutem Beispiel voran und überzeugte durch sein äußerst bescheidenes Leben. Die Auswüchse der buddhistischen Praxis, wie schwarze Magie und Okkultismus, wurden verboten, das Spirituelle auf trantrische Rituale beschränkt.

Von den vier herrschenden buddhistischen Richtungen lehnten die Nyingmapa, die Sakyapa und die Kagyüpa Tsongkhapas Reform ab; die Kadampa schloß sich der neuen Richtung an und ging schließlich in der Gelugpaschule auf.

Die drei Säulen des buddhistischen Staates

1416 gründeten die Gelugpa westlich von Lhasa das Kloster Drepung, drei Jahre später im Norden der Hauptstadt das Kloster Sera. Ganden, Drepung und Sera entwickelten sich im Laufe der Zeit zu den drei Säulen des buddhistischen Staates, denn sie waren schon bald mehr als nur Orte der Andacht und der Kontemplation. Sie wurden zu Zentren der wissenschaftlichen Forschung und Ausbildung – und zwar nicht nur auf theologischen Gebieten. Wer etwas werden wollte im alten Tibet, der mußte dort studiert haben. In seiner Blütezeit beherbergte Drepung als das größte Kloster Tibets etwa 10000 Mönche;

Sera folgte mit 7000. Die jeweiligen Äbte gehörten zu den einflußreichsten Männern im Staat.

Die großen Klöster entstanden nach ähnlichem Muster am Fuße schutzbietender Berghänge. Im unteren Teil befanden sich die Wohnräume der einfachen Mönche sowie Magazine und Lagerhallen. Im oberen Teil und durch die großzügige Anlage leicht zu unterscheiden, standen die Zeremonienhallen, die Orte für die religiöse Praxis und den Unterricht.

In Lhasa selbst restaurierten die Gelugpa die heruntergekommenen Tempel Ramoche und Jokhang.

Die Inkarnationsreihe des Dalai Lama

1419 starb Tsongkhapa, doch war sein Werk gefestigt und sein Erbe geregelt. Sein Neffe und Lieblingsschüler Gedün Drubpa (1391–1475) residierte als Abt von Drepung und setzte mit Elan das Vermächtnis seines Onkels fort. Dabei kam es wiederholt zu Rivalitäten mit den Kagyüpa, die trotz des Zulaufs für die Gelugpa den Sakyapa im 15. Jahrhundert den Rang als bedeutendste buddhistische Schule abgelaufen hatten.

Mit Gedün Drubpa begann die Inkarnationsreihe des Dalai Lama. Die deutsche Übersetzung dieses Titels entzweit die Tibetforscher noch immer. Die gängigsten Versionen sind „Meer des Wissens" oder „Lehrer des Weltmeers". Die Tibeter nennen ihr Oberhaupt Yishi Norbu; die Bezeichnung „Dalai Lama" ist mongolischen Ursprungs. Der Dalai Lama gilt als die Reinkarnation des Bodhisattvas Chenrezi (auf sanskrit: Avalokiteshvara), des Bodhisattvas der Barmherzigkeit, der von den Tibetern gleichzeitig als ihr Stammvater angesehen wird. Seine Machtfülle sollte er später von den Mongolen erhalten. Das eigentlich Oberhaupt der Gelugpa war der Abt von Ganden, der Ganden Tripa.

Der erste Dalai Lama wußte noch nichts von seiner Auszeichnung, denn sie wurde ihm erst posthum verliehen.

Auf Gedün Drubpa folgte Gedün Gyatso (1476–1542) als Abt von Drepung. Dessen Nachfolger Sonam Gyatso erhielt als erster den Titel zu Lebzeiten. Sonam Gyatso zeichnete sich nicht nur durch seine hohe Gelehrsamkeit aus, sondern auch durch seine diplomatischen Bemühungen, die Auseinandersetzungen mit den anderen Schulen friedlich zu lösen. 1577 rief ihn der Mongolenfürst Altan Khan an seinen Hof, um die ins Stocken geratene Missionierung seiner Untertanen anzukurbeln. Der Stern der Mongolen leuchtete zwar nicht mehr so hell wie noch vor drei Jahrhunderten, denn die Chinesen hatten 1368 ihre Herrschaft abgeschüttelt, doch bildeten sie noch immer eine wichtige Macht in Zentralasien. Sonam Gyatso und Altan Khan erneuerten den 1260 geschlossenen Pakt zwischen beiden Völkern – allerdings waren an die Stelle der Sakyapa die Gelugpa getreten. Sonam Gyatsos Mission war erfolgreicher als die seiner Vorgänger, denn seinen Lehren folgte nicht nur der königliche Hof, sondern auch die Mehrheit der einfachen Bevölkerung.

Beeindruckt von Sonam Gyatsos Ausstrahlung ernannte ihn Altan Khan 1578 zum Dalai Lama. Indem seine beiden Vorgänger den Titel nachträglich erhielten, bestand mit dem ersten wirklichen Träger bereits eine Ahnenreihe. Sonam Gyatso, der trotz der Mongolenmissionierung seinen Hauptsitz in Drepung behielt, starb 1587. Der Einfluß der Mongolen auf den tibetischen Buddhismus war zu der Zeit so groß, daß der folgende Dalai Lama, der Vierte, einem mongolischen Fürstengeschlecht entstammte. Allerdings übte er keine nachhaltige Wirkung aus, denn er starb bereits im Alter von 28 Jahren.

Mongolische Intervention

Die mongolischen Völker begnügten sich nicht mit symbolischen Akten der Unterstützung und Ehrerbietung, sondern leisteten durchaus tatkräftige, das heißt militärische, Hilfe. Im beginnenden 17. Jahrhundert eskalierten die Kämpfe zwischen den rivalisierenden Schulen und Fürstentümern erneut. In Shigatse hatte sich seit 1566 das Herrschergeschlecht der Tsangpa etabliert, das theologisch den Karmapa angehörte. Im Osten des Landes verstärkte sich sogar der Einfluß von lokalen Bön-Fürsten. Sie alle beobachteten die aufsteigenden Gelugpa, deren Zentrum die Region um Lhasa bildete, mit wachsendem Mißtrauen, das bald in offene Feindschaft umschlug.

Die Hilfe, die der Mongolenherrscher den Gelugpa anbot, war keinesfalls uneigennützig. Er versprach sich davon selbst einen wachsenden Einfluß auf Tibet. Die Gelugpa ihrerseits sahen in den Mongolen die einzige Chance, sich gegen ihre internen Widersacher durchzusetzen. Letztlich hat keiner von beiden das machtpolitische Ränkespiel gewonnen, sondern ein lachender Dritter, an den zu der Zeit noch niemand in Tibet dachte: die chinesische Mandschu-Dynastie.

Zunächst einmal lief jedoch alles nach Plan für die Mongolen-Gelugpa-Koalition. Ein Heer der ostmongolischen Khoshoten unter Gusri Khan besiegte in den dreißiger Jahren des 17. Jahrhunderts mehrere osttibetische Fürsten, die den Gelugpa feindlich gegenüberstanden. 1642 kam es zur Entscheidungsschlacht gegen den König von Tsang, der bereits einmal Lhasa eingenommen und die großen Klöster belagert hatte. Die Mongolen schlugen den Tsangpaherrscher vernichtend und ertränkten ihn im Tsangpo.

Der „Große Fünfte"

Nach dem Sieg verlieh Gusri Khan dem gerade erst 25 Jahre alten 5. Dalai Lama in Shigatse, dem Ort des geschlagenen Rivalen, die religiöse und weltliche Macht über Tibet. Dies Datum gilt als der eigentliche Beginn der Herrschaft der Gelben Kirche. Der junge Dalai Lama entwickelte erstaunliche Fähigkeiten bei der Absicherung und dem Ausbau seiner Machtfülle. Heute nennen ihn viele Tibeter deshalb den „Großen Fünften", doch waren seine Maßnahmen nicht uneingeschränkt großartig. Zunächst begann er mit einer rücksichtslosen Verfolgung der Rotmützen-Schulen. Viele Mönche mußten entweder zu den Gelugpa konvertieren oder aus deren Herrschaftsbereich in andere Himalayaregionen wie La-

Abb. 3: Der Potala-Palast, der Wintersitz des Dalai-Lama, überragt mit einer Höhe von 170 Metern und einer Länge von 420 Metern noch immer die tibetische Hauptstadt.

dakh, Nepal, Sikkim oder Bhutan fliehen. Auch die verbliebenen Reste der Bön-Anhänger wurden grausam verfolgt. Um die neue Macht zu stabilisieren, verbesserte er die Administration, für die er einen professionellen Beamtenapparat aufbaute. Alles wurde genau festgelegt, von den Einnahmen der Klöster bis zur Ernennung des Regenten, der bei seinem Ableben bis zur Inthronisierung seiner Wiedergeburt die Staatsgeschäfte übernehmen sollte.

Nach der Festigung seiner Macht entwickelte er eine erheblich größere Toleranz gegenüber den anderen Schulen. Vor allem die Nyingmapa gewannen zusehends an Einfluß.

1643 ordnete der Dalai Lama den Bau eines Winterpalastes an, der heute so etwas wie ein Wahrzeichen Tibets ist: der Potala. Das monumentale Gebäude von 420 Metern Länge, 170 Metern Höhe und mehr als 1000 Räumen entstand auf dem Marpori, einem der heiligen Berge der Stadt, auf dem einst

Songtsen Gampo seinen Palast errichtet hatte. Innerhalb von zehn Jahren war er bezugsfertig; seine endgültige Form erhielt er erst nach dem Tod des Dalai Lama. Daß eine solche Bauleistung nur dank härtester Fronarbeit der Bevölkerung zu bewerkstelligen war, liegt auf der Hand. Eine weitere, äußerst bedeutsame Institution geht ebenfalls auf den „Großen Fünften" zurück: das Staatsorakel von Nechung, das etwa einen Kilometer vom Kloster Drepung entfernt liegt. Dort lebten die für das traditionelle Tibet so wichtigen Orakelpriester. Es handelte sich dabei um Männer, die übernatürliche geistige Fähigkeiten aufweisen konnten und durch hochentwickelte meditative Übungen in der Lage waren, ihr Bewußtsein zu verändern. Bevor ein Kandidat als Orakelpriester akzeptiert wurde, mußte er sich einer strengen Prüfung unterziehen, denn die Orakelpriester waren äußerst einflußreiche Personen. Wenn im alten Tibet eine wichtige Entscheidung zu fällen war, befragten die Verantwortlichen sehr häufig das Staatsorakel. Der entsprechende Priester wurde dann durch verschiedene Übungen und Rauschmittel in einen Trancezustand versetzt, in dem er nicht mehr Herr über seine Sinne war. Die Stimme, die dann aus ihm sprach, und Ratschläge erteilte, galt als Orakelgott Pehar. Die Wurzeln des Staatsorakels, das Erinnerungen an die Schamanenpraxis von Naturreligionen geradezu heraufbeschwört, liegen vermutlich im Bön-Kult, dem sich offenbar auch die Gelugpas nicht gänzlich entziehen konnten.

Der Panchen Rinpoche

Theologisch löste der Dalai Lama mit einer Maßnahme große Verwirrung aus, die ihre Schatten bis in die heutige Zeit hineinwirft. Aus Ehrerbietung gegenüber seinem Lehrer Lobsang Chökyi Gyaltsen verlieh er ihm den Titel des Panchen Rinpoche (kostbarer Lehrer), im Ausland eher als Panchen Lama bekannt. Um auch in diesem Fall eine Ahnenreihe mitzuliefern, vermachten die Chinesen im Nachhinein seinen drei Vorgängern den Titel. Der erste Panchen Rinpoche ist laut chinesischer Zählung Khedrub Je, ein Schüler Tsongkhapas der ersten Stunde. Der Panchen Rinpoche residiert im Kloster Tashi Lhunpo in Shigatse und gilt als Reinkarnation des Buddha Amitabha, des Buddhas des unendlichen Lichts. Damit steht der Panchen Rinpoche, der in der Hierarchie des traditionellen Tibet stets die Nummer Zwei war, streng theologisch über dem Dalai Lama, der ja nur einen Bodhisattva verkörpert. Die Tibeter lösen diesen Widerspruch, indem sie den Dalai Lama auf die höchste Bodhisattva-Stufe stellen, die bereits einem Buddha gleichkommt.

Doch die Reinkarnationsreihe des Panchen Rinpoche schuf nicht nur theologische Probleme. Der 5. Dalai Lama hatte mit seinem Schritt unvorhergesehenerweise den Grundstein für eine Rivalität innerhalb der Hierarchie gelegt, die von den Chinesen bis heute ausgenutzt wird. Der Panchen Rinpoche war nicht selten die chinesische Karte im Kampf um die Macht in Tibet.

Mit noch einer weiteren Maßnahme hat der „Große Fünfte" seinem Volk langfristig einen Bärendienst erwiesen. Um einer zu starken Abhängigkeit von den mongolischen Schutzherren zu entgehen, erneuerte er die Kontakte mit China, das weit weg schien. Dort waren 1644 die Mandschus an die Macht gekommen und hatten die Qing-Dynastie errichtet. 1650 brach er zu einem Besuch nach Peking auf, wo er sechs Monate blieb und als Staatsgast hoch geehrt wurde.

1680 starb der 5. Dalai Lama, und seine Hinterlassenschaft konnte sich sehen lassen: Es gab etwa 750 Gelugpa-Klöster mit über 50 000 Mönchen. Im Inneren drohte der herrschenden Schule keine Gefahr mehr; viele Gegner waren entweder konvertiert oder exiliert. Bereits während der letzten Lebensjahre hatte der Dalai Lama die weltliche Macht an den Regenten Sangye Gyatso übergeben. Um seine Privilegien nicht einzubüßen und um den in Bau befindlichen Potala-Palast ungehindert fertigzustellen, verheimlichte der Regent den Tod des Herrschers fünfzehn Jahre lang.

Chinesisch-mongolische Auseinandersetzungen

Nach dem „Großen Fünften" folgte eine Periode der Instabilität. Alle weiteren Herrscher auf dem Thron des Dalai Lama bis zum zwölften waren entweder politisch weniger ambitionierte Persönlichkeiten, die nicht an die Tradition der ersten Amtsinhaber anknüpften, oder sie starben bereits vor oder kurz nach der Volljährigkeit unter mysteriösen Umständen. Der neunte, zehnte und zwölfte, von denen keiner auch nur das 20. Lebensjahr erreichte, wurden mit größter Wahrscheinlichkeit vom ehrgeizigen Regenten ermordet; manche Quellen sehen dabei auch chinesische Intrigen im Spiel. Möglicherweise widerfuhr auch dem elften dieses Schicksal, denn er starb bereits mit 18 Jahren nur neun Monate nach seiner Amtsübernahme. Aufgrund dieser zwei Jahrhunderte währenden Epoche der Instabilität wurde Tibet zu einer leichten Beute seiner mächtigen Nachbarn. Die Auseinandersetzungen begannen schon bald nach Bekanntwerden des Todes des „Großen Fünften". 1706 setzten die Khoshot-Mongolen den 6. Dalai Lama ab. Als Grund gaben sie seinen anstößigen Lebenswandel an, doch trat bald die wirkliche Motivation zutage. Der Mongolenfürst Lhazang Khan beanspruchte mit Verweis auf Gusri Khan die Herrschaft über Tibet und proklamierte einen ihm ergebenen Mönch zur „wahren" Inkarnation des Dalai Lama. Lhazang Khan dehnte seine Herrschaft über große Teile Tibets aus, bis 1717 die rivalisierenden Dsungaren aus der westlichen Mongolei in Tibet eindrangen und Lhasa eroberten. Die Dsungaren – zunächst als Befreier von den Khoshot begrüßt – entpuppten sich als rücksichtslose Eroberer. Sie terrorisierten die Bevölkerung und plünderten und brandschatzten Tempel, Klöster und Paläste, darunter den Potala.

In seiner Not rief der tibetische Titularkönig Lhazang Khan, der seine Macht keinesfalls abtreten wollte, den Mandschu-Kaiser in China, der den Hilferuf gern beantwortete. 1720 vertrieb eine chinesische Streitmacht die Dsungaren vom Dach der Welt. Doch auch die neue Hilfe war alles andere als uneigennützig, denn die Mandschus dachten gar nicht daran, sich nach erledigter Aufgabe zurückzuziehen. Stattdessen begannen sie mit der Institutionalisierung ihrer Macht. Chinesische Soldaten blieben – bis auf eine kurze Unterbrechung – in Lhasa, solange in China die Qing-Dynastie herrschte. Zwei Ambane, kaiserliche Gesandte, vertraten unmittelbar die Interessen des Hofs in Peking. Das Leben der einfachen Bevölkerung auf dem Land beeinflußten sie jedoch kaum.

Die innere Struktur des Gottesstaates

Als der 1876 geborene 13. Dalai Lama im Jahre 1894 die Regierungsgeschäfte übernahm, war die Macht der Ambane wie die der Mandschus in Peking bereits am Erlöschen. Tibet steuerte ganz offensichtlich auf eine neue Periode der Unabhängigkeit zu. Das Land war zu der Zeit alles andere als ein theokratischer Musterstaat. Adel und Klöster hatten nahezu die gesamte agrarische Nutzfläche unter sich aufgeteilt und konnten direkt Abgaben für sich beanspruchen. Vielerorts existierte Leibeigenschaft, doch kam es höchst selten zu offenen Aufständen gegen die Herrschaft, denn zum einen ließen die Mächtigen dem Volk gerade genug zu essen – Hungersnöte sind nicht bekannt –, zum anderen spielte die Religion die alles dominierende Rolle in Tibet. Sie trug dazu bei, das Aufkommen von sozialen Bewegungen zu verhindern, da sich die Menschen in erster Linie um ihr Schicksal nach dem Tod sorgten. Nahezu jede Familie bemühte sich, zumindest ein Kind – möglichst einen Sohn – in ein Kloster zu schicken, und so gab es zu Beginn des 20. Jahrhunderts knapp 500 000 Mönche und Nonnen in Tibet bei einer Bevölkerung von vier bis sechs Millionen Menschen. Auch in den Klöstern herrschten starre Hierarchien. Die Mehrzahl der Mönche und Nonnen hatte nur wenig Zeit für Studium und Meditation, denn sie mußten für den Lebensunterhalt der gesamten Gemeinschaft sorgen; das hieß, Handel treiben, die Ländereien bearbeiten – sofern sie nicht verpachtet waren – oder sich handwerklich betätigen. Besonders begabte Novizen aus ärmeren Verhältnissen konnten nur dann aufsteigen, wenn sie einen reichen Förderer und guten Lehrer fanden, doch geschah das nicht selten.

So ruhte die innenpolitische Macht im traditionellen Tibet auf drei Stützen: den Klöstern, dem Adel und dem Dalai Lama. Alle wichtigen administrativen Positionen bis hinauf zum Regierungschef waren von einem Adeligen und einem Mönch besetzt.

Auch wenn das traditionelle Tibet viele Anzeichen eines Feudalsystems trug, so greift diese pauschale und von den Chinesen gern verwendete Beurteilung zu kurz. Zum Feudalsystem gehört die vererbbare Macht, und die gab es weder unter den einflußreichen Äbten, die sich in der Regel an das Zölibat hielten, noch im Amt des Dalai Lama. Zudem bildeten die drei Mächtigen keine so homogene Interessensidentität, wie es bisweilen dargestellt wird. Vor allem der Dalai Lama fiel aus dem Rahmen. Nur der vierte und fünfte der bislang vierzehn Inkarnationen stammten aus adeligen Familien; alle anderen kamen aus zum Teil sehr einfachen Verhältnissen. So konnte gerade der Dalai Lama, wenn er eine starke Persönlichkeit war und das Glück hatte, nicht in jungen Jahren einem Mordanschlag zum Opfer zu fallen, Reformen einleiten und soziale Impulse geben, da er keiner bestimmten Dynastie verpflichtet war. Eine solche Persönlichkeit war der 13. Dalai Lama.

Bedrohung von außen

Bevor der neue Dalai Lama jedoch mit Reformen beginnen konnte, mußte er sich fremder Eroberer erwehren. Im Zuge verbesserter Verkehrsmöglichkeiten war Tibet selbst für seine weniger mächtigen Nachbarn immer interessanter geworden. 1788, 1792 und 1856 waren nepalesische Gurkhas eingefallen, die nur nach schweren Kämpfen zurückgeschlagen werden konnten. 1841 eroberten islamische Dogras Teile Ladakhs, ohne daß die chinesische Schutzmacht eingegriffen hätte. Am Ende des 19. Jahrhunderts weckte das Land schließlich auch das Interesse der europäischen Kolonialmächte. Von Indien aus unternahmen die Engländer immer offenere Vorstöße nach Tibet. Als Gegengewicht dazu suchte der Dalai Lama Kontakt zum zaristischen Hof in Petersburg. Um jedoch eine russische Einflußnahme im Keim zu ersticken, entsandten die Engländer 1904 ein militärisches Expeditionskorps unter Oberst Francis Younghusband, das am 4. August 1904 Lhasa erreichte. Den Dalai Lama trafen die Engländer nicht, denn der war vor den heranrückenden Truppen zunächst in die Mongolei und dann nach Peking geflohen. 1909 kehrte er zurück, um bereits ein Jahr später erneut die Hauptstadt zu verlassen. Diesmal rückte ein großes Kontingent chinesischer Truppen heran, doch schon ein weiteres Jahr später stürzte die marode Qing-Dynastie, und am 12. Februar 1912 dankte der letzte Kaiser im zarten Alter von fünf Jahren offiziell ab. Nach weiteren zwölf Monaten hatten alle Mandschu-Soldaten Tibet verlassen, und der 13. Dalai Lama konnte aus seinem Asyl in Darjeeling, Nordindien, heimkehren. Von seinem Palast auserklärte er der neuen chinesischen Regierung unter Sun Yatsen unmißverständlich, daß er Tibet als unabhängiges Land betrachte.

Innenpolitische Reformen

De facto war Tibet seit 1913 selbständig, doch versäumte es der Dalai Lama, der von so vielen schlechten Erfahrungen mit fremden Mächten geprägt war, die Souveränität völkerrechtlich verbindlich abzusichern und international Verbündete zu suchen. Stattdessen schottete er das Land von der Außenwelt ab. Innenpolitisch zeigte er sich erheblich aufgeschlossener. Beeindruckt von der englischen Verwaltung, die er während seines zweiten Exils kennengelernt hatte, ging er daran, die tibetischen Strukturen zu reformieren. Er schaffte die Todesstrafe ab, institutionalisierte eine unabhängige Polizeitruppe und richtete Post- sowie Telegraphendienste ein. Darüber hinaus versuchte er, das Bildungsmonopol der Klöster zu brechen. In den zwanziger Jahren eröffnete er in Gyantse eine „englische Schule" als Modellprojekt. Der Name sagt weniger etwas über die Sprache als über die Inhalte des Unterrichts aus, der sich an westlichen Maßstäben orientierte. Naturwissenschaften und Sprachen nahmen einen großen Raum ein. Verständlicherweise war dieses Projekt von Beginn an den vehementen Protesten der Mönchshierarchie ausgesetzt, und 1926, nach vierjähriger Dauer, endete schließlich die erste Bildungsreform in Tibet. Die Mönche sahen dabei göttliches Wirken im Spiel. Bei einem Fußballspiel, das in der englischen Schule stattfand – ein Sport, der von den Hütern der Tradition als besonders verwerflich gebrandmarkt wurde – kam es zu einem für die Jahreszeit völlig untypischen Unwetter mit angeblich tischtennisballgroßen Hagelkörnern. Dies konnte nach Meinung der um ihre Privilegien bangenden Mönche nur ein Wink der Götter sein, die das Projekt ebenfalls mißbilligten. Kurze Zeit später mußte die Schule schließen.

Wichtige Impulse für die Erneuerung gab der Reformer Gedün Chöphel, der weitreichende Konzepte für die Säkularisierung Tibets entwarf, doch war die Zeit offenbar noch nicht reif. Adel und Klöster verstanden es, die meisten Reformen im Keim zu ersticken, und Gedün Chöphel mußte für seine Ideen viele Jahre im Gefängnis verbringen.

Der 13. Dalai Lama starb am 17. Dezember 1933. In seinem Testament warnte er vor den drohenden Gefahren, doch niemand konnte damals ahnen, in welchem Ausmaß sich seine prophetischen Worte erfüllen sollten: „Unter Umständen werden hier, im Zentrum von Tibet, Religion und Regierung gleichermaßen von außen wie innen angegriffen. Wenn wir nicht unser Land beschützen, werden der Dalai und Panchen Lama, der Vater und der Sohn und alle verehrten Hüter der Wahrheit verschwinden und vergessen werden. Mönche und ihre Klöster werden vernichtet. Die Herrschaft des Gesetzes wird geschwächt. Alle Menschen werden von großem Elend und überwältigender Furcht ergriffen; die Tage und Nächte voll Mühsal werden nur langsam vorbeigehen."

Der 14. Dalai Lama

Der gegenwärtige, der 14., Dalai Lama wurde am 6. Juli 1935 in der Provinz Amdo geboren und drei Jahre später als neue Inkarnation entdeckt. Am 7. Oktober 1939 zog er in Lhasa ein, wo seine Ausbildung begann. Aufgrund der politischen Entwicklung in China erfolgte seine Amtsübernahme bereits am 17. November 1950 mit gerade fünfzehn Jahren. Die Weisung dazu hatte das Staatsorakel von Nechung gegeben.

Mit großem Elan setzte der neue Herrscher die Reformbemühungen seines Vorgängers fort. Eine seiner ersten Amtshandlungen war die Gründung einer Reformkommission, die seine Pläne von der Erneuerung Tibets in die Praxis umsetzen sollte. Sie verfügte unter anderem eine grundlegende Umstrukturierung der Verwaltung. Zudem befreite sie viele Bauern aus der Schuldknechtschaft, indem sie alle Schulden, die älter als acht Jahre waren, aufhob und bei jüngeren die Zinszahlungen aussetzte. Diesmal waren es jedoch nicht nur die Mönchselite und der Adel, die sich der Erneuerung widersetzten, sondern auch die Chinesen. Am 7. Oktober 1950 begann der Einmarsch der Volksbefreiungsarmee in Tibet; am 9. September 1951 erreichte sie Lhasa.

Statt auf die einheimischen Initiativen zur Reformierung Tibets aufzubauen, schränkten die Chinesen die von ihnen anfangs respektierte relative Autonomie der Regierung des Dalai Lama immer mehr ein. Zudem boykottierten sie die Arbeit der Reformkommission. Möglicherweise paßte diese nicht in das Bild eines hoffnungslos verkrusteten und rückständigen Tibets das schließlich eines der Argumente war, mit denen die Regierung in Peking ihren Einmarsch rechtfertigte.

Im März 1959 kam es in Lhasa zu einem Volksaufstand gegen die Chinesen, der innerhalb von drei Tagen niedergeschlagen wurde. Der Dalai Lama floh nach Indien, wo die tragischen Ereignisse seinen Reformwillen nicht bremsten. Am 10. März 1963 verkündete er eine provisorische Verfassung, die demokratische und soziale Errungenschaften mit buddhistischen Prinzipien vereint. Der Nationalversammlung wurde sogar eingeräumt, dem Dalai Lama mit einer Zwei-Drittel-Mehrheit die politische Betätigung zu untersagen – eine für viele einfache Tibeter geradezu blasphemische Vorstellung. Daß diese Verfassung heute in Tibet keine Anwendung findet, liegt nicht in der Verantwortung des Dalai Lama.

Zweifellos beruhten die Umwälzungen aus eigener Kraft im alten Tibet auf Reformen von oben, doch damit unterschieden sie sich nicht von manchen Reformbewegungen in Europa. Es ist die Tragik der Geschichte, daß Tibet gerade zu dem Zeitpunkt besetzt und in seiner eigenständigen Entwicklung blockiert wurde, als die Erneuerung des theokratischen Systems in greifbarer Nähe schien. Und es könnte – wenn die Ereignisse nicht einen so tragischen Verlauf genommen hätten – schon wie ein Treppenwitz der Geschichte anmuten, daß diese Besetzung nicht zuletzt im Namen sozialer Erneuerung geschah.

V. Der lange Arm Pekings –
Die tibetisch-chinesischen Beziehungen

Heiratsdiplomatie und Kriegszüge

Wenn die Chinesen ihren Anspruch auf Tibet darlegen, ist das Argument, sie hätten das Land vom Feudalismus befreit, nur eines unter mehreren. Sie begründen diesen Anspruch auch historisch, denn für sie steht fest: Tibet ist seit der Yuan-Dynastie untrennbarer Bestandteil des chinesischen Territorismus und unterhielt vorher enge Beziehungen zum chinesischen Mutterland.

Die Kontakte beider Völker begannen, als der tibetische König Songtsen Gampo 641 die chinesische Prinzessin Wen Cheng aus der Tang-Dynastie heiratete. Wen Chengs Einzug in Lhasa ist eines der beliebtesten Kunstmotive der Chinesen in Tibet, und kaum ein Besucher wird das Land verlassen, ohne zumindest auf eine Karte mit dieser Darstellung zu stoßen.

Mit Wen Cheng verbinden die Chinesen zudem die buddhistische Missionierung Tibets. Zweifellos hat die Prinzessin einiges dazu beigetragen, den neuen Glauben in Tibet zu verbreiten, doch war sie bekanntlich nicht die erste. Vier Jahre zuvor hatte Songtsen Gampo die nepalesische Prinzessin Bhrikuti geheiratet, die ebenfalls Buddhistin war und Gelehrte sowie Missionare mit an den Königshof von Lhasa gebracht hatte.

Äußeres Zeichen für die Missionsarbeit von Wen Cheng ist eine Statue des Jowo-Buddha, ihre Mitgift für die Ehe, die noch heute hoch verehrt wird. Da diese Statue für die Chinesen ein sichtbares Symbol der Zusammengehörigkeit beider Völker darstellt, blieb der Ort, an dem sie steht, der Jokhang-Tempel, von den Zerstörungen der sechziger Jahre dieses Jahrhunderts verschont. Doch nicht nur die zeitliche Abfolge, sondern auch die Intention der Missionierung entspricht nicht unbedingt der offiziellen chinesischen Geschichtsschreibung, wie der Schweizer Tibetexperte Michael Henss zu bedenken gibt: „Es ist fraglich, ob jene berühmte, noch heute im Jokhang hochverehrte Statue des Jo-bo-Buddha in betont missionarischer Absicht den Gastgeschenken für den ‚barbarischen' Herrscher in Yarlung beigegeben wurde, wie eine von der chinesischen Perspektive geprägte Überlieferung glauben machen möchte. Kaiser Tai Zong (Tai Tsung), der seine Dynastie als von Lao zi (Lao tse) abstammend erklärte, stand dem heimischen Taoismus näher als dem fremden Buddhismus, der aber insofern nützlich erschien, als dessen Mönche für das Wohl des Staates beten und die Tugenden des Himmelssohns preisen konnten."

Auf die Ausbreitung und Weiterentwicklung des tibetischen Buddhismus übte die chinesische Schule allenfalls ein Jahrhundert lang einen gewissen Einfluß aus. Nach dem Konzil von Samye (792–794), wo sich die indische Richtung durchsetzte, waren die Chinesen von der religiös-theologischen Entwicklung Tibets ausgeschlossen.

Die erste Ehe zwischen dem tibetischen und dem chinesischen Herrscherhaus blieb nicht die einzige ihrer Art. Auch König Tride Tsugtsen, der von 704–755 regierte, heiratete eine Chinesin, die Prinzessin Jin Cheng. Im ganzen waren die Beziehungen zwischen den Königen der tibetischen Yarlung-Dynastie und den Kaisern der chinesischen Tang-Dynastie jedoch eher von Rivalität und Kampf um die Vorherrschaft geprägt, als von freundschaftlichen oder verwandtschaftlichen Verhältnissen. Der Kriegszug Trisong Detsens von 763, der die chinesische Hauptstadt für 15 Tage in tibetische Hand brachte, war nur einer unter vielen. Bis in die zwanziger Jahre des 9. Jahrhunderts hinein kam es immer wieder zu Kampfhandlungen zwischen den mächtigen Reichen, und auch der gemeinsame buddhistische Glaube bildete keine Basis für einen dauerhaften Frieden. Erst der Vertrag von 821 beendete die über ein Jahrhundert währende Rivalität.

Gleichzeitiger Verfall zweier Dynastien

Zum Frieden zwischen beiden Völkern trug auch der nahezu parallele Verfall ihrer Herrscherdynastien bei, der wenig Raum für machtpolitische Abenteuer ließ. Die Tang-Dynastie, die seit 618 in China herrschte und aufgrund ihrer Machtfülle und ihrer kulturellen Errungenschaften zu den bedeutendsten in der chinesischen Geschichte gehört, existierte formal bis 906, als der letzte Kaiser, Zhao Yuan Di, im Alter von zehn Jahren abdanken mußte. Sie überdauerte die Yarlung-Dynastie damit offiziell um 64 Jahre. In Wirklichkeit läutete allerdings spätestens der Bauernaufstand von 874, der das Reich in seinen Grundfesten erschütterte, den Untergang der Tang-Kaiser ein. Mit Hilfe ausländischer, zumeist turkmenischer Truppen konnte der Aufstand nach schweren Kämpfen niedergerungen werden, doch wurde das Ende der Tang damit nur hinausgezögert. Nach der Tang-Dynastie bekämpften sich, ähnlich wie in Tibet, rivalisierende Provinzfürsten und Militärführer. Die Beziehungen zwischen beiden Völkern waren dadurch für Jahrhunderte auf Eis gelegt.

Mongolen auf dem Drachenthron

Erst im ausgehenden 13. Jahrhundert taute das Eis zwischen Tibetern und Chinesen, doch bedurfte es dazu der Mongolen. 1279 bestieg der Mongolenherrscher Kublai Khan den Drachenthron (den Sitz des Kaisers von China). Er löste damit die chinesische Song-Dynastie ab. Kublai Khan war der Begründer der mongolischen Yuan-Dynastie, die bis 1368 über China herrschte und in den Annalen des chinesischen Kaiserhauses gleichberechtigt neben den anderen Dynastien steht.

Derselbe Kublai Khan hatte 19 Jahre zuvor die engen Kontakte zur Sakyapa-Schule in Tibet geknüpft, ohne jedoch unmittelbar auf die dortige Entwicklung Einfluß zu nehmen. Während der gesamten Yuan-Dynastie erfreuten sich die tibetischen Buddhisten der Förderung durch das Kaiserhaus; die

Chinesen selbst betrachteten diese Epoche dagegen eher als Fremdherrschaft. Die Ressentiments zwischen den herrschenden Mongolen und der chinesischen Bevölkerung, die immer mehr verarmte, führten seit etwa 1350 zu bewaffneten Aufständen, die schließlich im September 1368 der Yuan-Dynastie ein Ende bereiteten. Wenn sich das moderne China bei seinen Ansprüchen auf Tibet auf die Yuan-Dynastie beruft, dann ist das etwa so, als ob jemand sagt, England gehöre zu Frankreich, weil beide Länder Teil des römischen Reiches waren.

Das wachsende Interesse der Qing-Herrscher

Die folgende Ming-Dynastie kümmerte sich wenig um das benachbarte Tibet, wo gerade Tsongkhapa heranwuchs und die Mehrzahl der Äbte und Fürsten andere Ambitionen hatte, als die Kontakte zum chinesischen Hof zu intensivieren. Nur einzelne Äbte fanden den Weg nach Peking, um sich Privilegien und Unterstützung zu erbitten, die ihnen zwar materielle Vorteile, aber keine politische Macht einbrachten. So blieben es für weitere Jahrhunderte die Mongolen, die den engsten Kontakt mit den Tibetern pflegten – bis der 5. Dalai Lama 1650 diesen Kontakt lockerte. Er nahm eine Einladung der seit 1644 residierenden Qing-Dynastie nach Peking an. Die Qing, die dem Volk der Mandschus aus dem Nordosten des Reiches angehörten, wurden ähnlich wie die Mongolen von der chinesischen Bevölkerung eher als Fremdherrscher betrachtet. Sie achteten indes auf Etikette nach außen und empfingen den Dalai Lama nicht als Provinzfürsten, sondern als Staatsgast.

1720 intensivierten sich die Beziehungen zwischen Mandschu-Kaisern und Tibetern, als die Herrscher der Gelben Kirche Unterstützung gegen die mongolischen Dsungaren benötigten und diese bereitwillig erhielten. Zwischen 1723 und 1728 legten die Qing den Grundstein zu einer knapp 200jährigen Epoche der direkten Einflußnahme auf Tibet. Eine Mandschu-Garnison wurde in Lhasa errichtet, und Ambane wurden eingesetzt. Sie sollten die Interessen des Hofs in Peking wahrnehmen und die tibetische Regierung beraten, was im 18. Jahrhundert auch kontrollieren bedeutete. Einen völkerrechtlich verbindlichen Vertrag zur Legitimierung ihrer Herrschaft legten die Mandschus allerdings nie vor.

Die Ambane waren schon bald den tibetischen Ministern gleichgestellt. Ihr Kompetenzbereich umfaßte außenpolitische und militärische Angelegenheiten. Mit der Mehrheit der Bevölkerung, die außerhalb der Städte lebte, hatten sie folglich kaum Kontakt. Selbst in Lhasa machten sie sich eher unbeliebt. Zeitgenössische Quellen berichten von einer ausgesprochenen Arroganz und Willkür der Ambane, die nicht dazu beitrugen, die Bande zwischen beiden Völkern zu festigen.

1750 kam es zu einem anti-chinesischen Aufstand, als die Ambane einen ihnen nicht wohlgesonnenen Fürsten, Gyurme Namgyäl, ermordeten. Empört über diese Bluttat stürmte die Bevölkerung die Residenz der Ambane, erschlug sie und mit ihnen mehrere Dutzend chinesische Soldaten. Etwa 200 Chinesen flohen in ihrer Not unter den Schutz des Dalai Lama. Die Antwort des Kaisers in Peking war eine verstärkte Militärpräsenz.

Zu Beginn des 19. Jahrhunderts hatte sich die Macht der Ambane so sehr gefestigt, daß sie den Zutritt von Ausländern kontrollieren und Einfluß auf die Wahl des Dalai Lama nehmen konnten. Sie erreichten, daß der Zehnte, Elfte und Zwölfte per Los ermittelt wurden. Obwohl sie durch die Vorauswahl der Kandidaten bereits großen Einfluß auf die jeweilige Reinkarnation ausübten, machten einige Tibeter sie auch für den frühen Tod verantwortlich, doch gibt es dafür keine stichhaltigen Beweise. Vermutlich hatten eher die Regenten als die Ambane ihre Hände im Spiel.

Das langsame Ende der Qing

Die Qing-Dynastie hatte bereits 1842 eine entscheidende Niederlage erlitten, die ihr allmähliches Ende andeutete. Verantwortlich dafür waren die Engländer, die in den dreißiger Jahren steigende Mengen von Opium aus Bengalen nach China exportierten. Da dies die Bilanzen des Reiches enorm belastete und die Drogenabhängigkeit der Bevölkerung zu einem ernsthaften Problem wurde, verbot der Kaiser den Engländern den lukrativen Handel und ließ 1839 in Kanton über 20 000 Kisten Opium im Meer versenken. Die Engländer erklärten daraufhin den Opiumkrieg. Ihre Kriegsflotte eroberte, ohne auf wirklichen Widerstand zu treffen, die wichtigen Küstenstädte und zwang dem Kaiserreich einen Friedensvertrag auf, der der Krone in London die weitgehende Kontrolle über den chinesischen Handel sicherte. Ein zweiter Opiumkrieg 1857 endete erneut mit einer Niederlage der Mandschu-Verbände. Zur gleichen Zeit mußten sich die Herrscher in Peking gegen Bauernaufstände im Süden zur Wehr setzen, die sich über 14 Jahre hinzogen und insgesamt 20 Millionen Menschenleben forderten.

Die damit einhergehende Schwächung der Zentralgewalt wirkte sich einige Jahrzehnte später auf Tibet aus. Seit 1894 waren die Ambane entmachtet, und die Chinesen mußten tatenlos zusehen, wie Vertreter fremder Mächte zusehends mehr Interesse an Tibet zeigten.

Diplomatische Verstrickungen und umstrittene Verträge

Als sich die englischen Truppen unter Francis Younghusband 1904 Lhasa näherten, fand es der Dalai Lama noch angebracht, zunächst in der Mongolei und ein paar Jahre später am chinesischen Kaiserhof Zuflucht zu suchen. Während des Exils schlossen die englischen Truppen mit seinen Vertretern – dem Regenten und dem Ministerrat – einen Vertrag, der den Europäern Handelsstationen in Gyantse, Gartok und Dromo (Yatung) zugestand und die Grenzen zwischen Tibet und Sikkim festlegte. Die Ambane setzten ihre Unterschrift nicht unter das Abkommen.

Dieser Vertrag, mit dem die Engländer de facto die Souveränität der tibetischen Vertreter anerkannten, bleibt bis heute ein Stein des Anstoßes bei den völkerrechtlichen Diskussionen um den Status Tibets. Für die Tibeter stellt er ein Dokument ihrer Souveränität dar; die Chinesen verweigern den Tibetern die Befugnis zu einer völkerrechtlich so bedeutsamen Handlung. Ihrer Interpretation nach war Tibet Teil des Mandschu-Reiches und somit nicht befugt, mit anderen Nationen Verträge abzuschließen. Die Engländer zogen sich diplomatisch geschickt aus der Affäre. Sie billigen Tibet zwar keine Souveränität, aber eine Suzeränität zu, was eine innere Selbstverwaltung bei außenpolitischer Abhängigkeit bedeutet.

Wie problematisch die Anwendung dieser modernen Begriffe auf die Situation im alten Tibet ist, erläutert der Bonner Indologe und Tibetologe Michael Balk in einem Aufsatz in der Frankfurter Allgemeinen Zeitung: „Es ging nunmehr (d. h. zwischen 1904 und 1914, d. Vf.) um Begriffe wie Suzeränität, Souveränität und Autonomie – Begriffe, die folgendes enthalten: genau festgelegte Grenzen, klar bemessene Befugnisse, eindeutig definierte Hoheitsrechte. Aus der asiatischen Flexibilität in den Dingen des Lebens und der Herrschaft wurde eine europäisch geprägte Bestimmtheit in den Angelegenheiten der Politik und des verbrieften Anspruchs. Es ist charakteristisch für die chinesische Seite, daß die modern formulierten und in modernen Kategorien gemeinten Ansprüche auf und in Tibet begründet werden mit Verhältnissen und Zuständen, die vor jener Zeitenwende – wenn man so will – bestanden haben. Es wird dabei aber bewußt oder nachlässig übergangen, daß jene Verhältnisse, auf die man dabei verwies, von einer ganz anderen Art und von einem ganz anderen Zuschnitt waren als die Ansprüche, die sie begründen sollen."

Nach Abschluß des englisch-tibetischen Vertrages übten die Chinesen diplomatischen Druck auf die Engländer aus, der 1906 zu einem englisch-chinesischen Vertrag führte. Darin erkannten die Engländer Chinas Souveränität über Tibet an. Einen ähnlichen Tenor hatte ein englisch-russischer Vertrag von 1907, in dem sich die Krone in London verpflichtete, nur über die Chinesen in Sachen Tibet zu verhandeln.

Der bruchlose Übergang von den Qing zu den Bürgerlichen

Die Mandschu-Herrscher begnügten sich nicht mit diplomatischen Erfolgen, sondern setzten 1910 erneut ein Heer gen Lhasa in Bewegung, das die heruntergekommene Macht der Ambane neu festigen sollte. Der Dalai Lama ersuchte vergebens um ausländische Hilfe und mußte erneut ins Exil gehen; diesmal nach Nordindien. Doch die Restauration der chinesischen Macht währte nicht lange. Mit Ausbruch der bürgerlichen Revolution in China 1911 verlor die Qing-Dynastie auch ihre Basis in Tibet. Tibetische Verbände erhoben sich im März 1912 und zwangen die Mandschu-Soldaten zum Rückzug. Der heimgekehrte Dalai Lama proklamierte die Unabhängigkeit; bei dem feierlichen Akt fehlten nicht einmal äußere Symbole wie Flagge und Hymne.

Auch die neue Führung in China versuchte – zunächst diplomatisch – den Einfluß über Tibet zu wahren. Am 13. Oktober 1913 luden die Engländer eine hochrangige Delegation von Tibetern und Chinesen nach Simla im Norden Indiens ein, um über den Status Tibets zu beraten; die Standpunkte waren jedoch unvereinbar. Nach zähem Ringen schlug der englische Verhandlungsführer McMahon die Bildung eines äußeren und inneren Tibet vor. Das innere Tibet, das den Ostteil der Provinzen Kham und Amdo umfaßt hätte, sollte unter chinesischer Hoheit einen Puffer zwischen beiden Reichen bilden; das äußere Tibet, das eigentliche Zentral- und Westtibet, sollte volle innere Selbstverwaltung ohne chinesische Militärpräsenz erhalten. Dafür wurde China die Entscheidungsgewalt in außenpolitischen Fragen zugestanden. Das ging den Chinesen nicht weit genug, und somit scheiterte die Konferenz von Simla im Sommer 1914. Als Reaktion auf die fehlende chinesische Kompromißbereitschaft zogen Engländer und Tibeter die angebotenen Zugeständnisse zurück. Danach spielten die Chinesen nahezu vier Jahrzehnte keinerlei Rolle mehr in Tibet; das Land war unabhängig.

Dennoch gaben die Chinesen nicht auf. 1917 kam es im

Osten zu Grenzzwischenfällen, als sich ein chinesisches Truppenkontingent anschickte, in Tibet einzufallen. Es wurde jedoch bereits an der Grenze zurückgeschlagen. Am 19. August 1918 einigten sich beide Parteien auf die Markierung der Ostgrenze Tibets durch den Yangtsefluß. Das Gebiet östlich des Flusses wurde zur entmilitarisierten Zone erklärt. Dies bedeutete eine Teilung der Provinz Kham, bescherte den Tibetern allerdings vorübergehend Ruhe und Stabilität an der Grenze. Dagegen kam es zu innenpolitischen Spannungen an der Spitze der Hierarchie, in deren Verlauf der Panchen Rinpoche 1923 das Land verließ und nach Peking ging.

Die Volksrepublik China wendet sich Tibet zu

Am 1. Oktober 1949 rief Mao Tsetung in Peking die Volksrepublik China aus. Der neue Führer erhob die „Heimkehr Tibets ins chinesische Mutterland" zu einem seiner wichtigsten Anliegen. Freiwillig waren die Tibeter dazu nicht bereit, und so marschierten ein halbes Jahr später chinesische Truppen der Volksbefreiungsarmee in Tibet ein. Im Oktober 1950 eroberten sie die Hauptstadt von Kham, Chamdo. Den Truppen eilte die Kunde von schweren Kämpfen nach Lhasa voraus, die dort Angst und Schrecken verbreitete. Am 7. November wandte sich die Regierung des Dalai Lama deshalb an die UNO und beschuldigte China der Aggression, doch niemand – außer El Salvador – war bereit, das sich abzeichnende Drama ernstzunehmen. Aus Sorge um seine Sicherheit verließ der Dalai Lama die Hauptstadt im Dezember 1950 und schlug bis August 1951 sein Quartier im Chumbital auf.

China wollte sich indes nicht nur auf seine militärische Stärke verlassen. Es komplimentierte eine hochrangige tibetische Delegation – ohne den Dalai Lama – nach Peking und legte ihr am 23. Mai 1951 das „17-Punkte-Abkommen zur friedlichen Befreiung" vor. Der Delegation blieb keine Wahl, als das Abkommen zu unterzeichnen. Der Dalai Lama verwarf später die Vereinbarung, weil die freiwillige Basis fehlte.

Das 17-Punkte-Abkommen bedeutete das Ende der tibetischen Unabhängigkeit. Im ersten Punkt hieß es unzweideutig: „Das tibetische Volk soll in die große Familie des Mutterlandes – der Volksrepublik China – zurückkehren". Gleichzeitig sicherte es den Tibetern jedoch auch Autonomierechte zu, so unter Punkt 4: „Die Zentralbehörden werden das bestehende politische System in Tibet unverändert lassen. Die Zentralbehörden werden außerdem den bestehenden Status, die Funktionen und Befugnisse des Dalai Lama nicht antasten"; oder unter Punkt 7: „Religion, Sitte und Gebräuche des tibetischen Volkes sollen respektiert und die Lamaklöster geschützt werden. Die Zentralbehörden werden den Klöstern unverändert ihre Einkünfte belassen."

Wenige Monate später, am 9. September 1951 erreichte die Volksbefreiungsarmee Lhasa. Ihr Einzug war zunächst friedlich; ihr Auftreten gegenüber der Bevölkerung zurückhaltend. Die Chinesen begannen sogleich mit Maßnahmen zur Verbesserung der Infrastruktur. Sie errichteten – unter Heranziehung tibetischer Arbeiter – ein Straßennetz von 16 000 Kilometern, das Tibet mit den chinesischen Städten Chengdu, Xining, Khotan sowie dem nepalesischen Katmandu verband. Zudem eröffneten sie Schulen mit den Unterrichtssprachen chinesisch und tibetisch.

Im August 1954 begaben sich der neunzehnjährige Dalai Lama und der sechzehnjährige Panchen Rinpoche nach Peking, wo im Oktober die Feiern zum 5. Jahrestag der Ausrufung der Volksrepublik auf dem Programm standen. Sie trafen dort unter anderem mit Mao Tsetung und Indiens Ministerpräsident Nehru zusammen. Nehru war zu der Zeit an guten Kontakten mit China interessiert, die er nicht durch eine Unterstützung Tibets aufs Spiel setzen wollte. Noch im selben Jahr unterzeichnete er mit seinem chinesischen Amtskollegen Zhou Enlai einen Vertrag über die „Fünf Prinzipien einer friedlichen Koexistenz", in dem Indien Chinas Souveränität über Tibet anerkannte. Im Frühjahr 1955 kehrte das tibetische Oberhaupt in seine Heimat zurück. 1956 trafen der Dalai und Panchen Lama Nehru und Zhou Enlai in Delhi anläßlich der

Jubiläumsfeiern zum 2500. Geburtstag von Buddha. Bei den Gesprächen, die ohnehin informellen Charakter hatten, gelang es den höchsten Repräsentanten Tibets offenbar nicht, verbindliche Garantien für ihre Eigenständigkeit, wenn auch nur auf kulturellem Gebiet, zu erhalten.

Die zunehmende Unterdrückung

In Tibet selbst entpuppte sich die chinesische Präsenz immer mehr als Zwangsherrschaft. Die Überlandstraßen, die zwischen 1954 und 1956 auf Kosten der tibetischen Arbeiter fertiggestellt wurden, brachten immer neue Soldaten ins Land. Im August 1954 brachen in der Provinz Kham erste Aufstände gegen die Chinesen aus, die sich allmählich zu einem Guerillakrieg ausweiteten, der sich bis in die Mitte der sechziger Jahre hinzog.

Im April 1956 machte eine hochrangige chinesische Delegation unter dem stellvertretenden Premierminister Zhen Yi Lhasa die Aufwartung. Anlaß war die Gründung eines „Vorbereitenden Komitees für die Autonome Region Tibet". Die Bezeichnung „Autonome Region" täuschte; das Komitee sollte eine noch engere Anbindung Tibets an China vorbereiten. Zwar stand der Dalai Lama an der Spitze des aus 55 tibetischen und chinesischen Mitgliedern bestehenden Gremiums, doch hatten die Chinesen Vorsorge getroffen, daß keine Entscheidung gegen sie fallen konnte. Alle wichtigen Beschlüsse mußten einstimmig gefaßt werden – was angesichts der unterschiedlichen Zusammensetzung so gut wie ausgeschlossen war –, ansonsten wurde die kontroverse Frage in Peking selbst entschieden. Das Komitee diente offenbar eher als Alibi für ein vermeintliches tibetisches Mitspracherecht. Somit steuerten die Auseinandersetzungen ihrem Höhepunkt entgegen.

Der Volksaufstand vom März 1959

Als am 10. März 1959 Gerüchte in Lhasa die Runde machten, der Dalai Lama solle nach Peking entführt werden, brach der offene Volksaufstand los. Mehrere tausend Menschen, unterstützt von bewaffneten Widerstandskämpfern aus der Umgebung, zogen zum Norbulingka, dem Sommerpalast, um ihr Oberhaupt zu beschützen. Angesichts unverblümter chinesischer Drohungen, den Palast zu beschießen, floh der Dalai Lama, als tibetischer Guerillakämpfer verkleidet, in der Nacht des 17. März mit seiner Familie und seinen engsten Beratern nach Indien, wo er 32 Tage später eintraf. Danach tobte eine dreitägige ungleiche Schlacht in Lhasa, die mit einer vernichtenden Niederlage der Tibeter endete. Als die Chinesen die Flucht des tibetischen Oberhauptes entdeckten, ließen sie jegliche Rücksichtnahme fallen. Bereits am 28. März erklärte Zhou Enlai die tibetische Regierung für aufgelöst; der Panchen Rinpoche, die chinesische Karte im Spiel um die Macht, wurde geschäftsführender Vorsitzender des „Vorbereitenden Komitees für die Autonome Region Tibet".

Die Zerstörungen

In der Folgezeit begann eine in der tibetischen Geschichte nie gekannte Verfolgung der buddhistischen Kultur und Tradition, die selbst Langdarmas Untaten in den Schatten stellte. Mönche, Nonnen und vermeintliche Reaktionäre wurden verhaftet und in Arbeitslager gesteckt, wo Hunderttausende unter unmenschlichen Bedingungen starben. Klöster, Tempel und Kultstätten fielen der Zerstörung anheim. Die Chinesen nannten ihren Vernichtungsfeldzug „demokratische Reform". Diese Reform erfaßte nicht nur Angehörige der früheren Machtelite, sondern auch das einfache Volk. Der Besitz religiöser Gegenstände wurde streng verboten, die Freizügigkeit gänzlich aufgehoben, die Landwirtschaft grundlegend umstrukturiert. Genossenschaften und Kollektive, die den tibetischen Bauern völ-

Abb. 4: Lange Pilgerreihen warten täglich darauf, den Norbulingka, den Sommerpalast des Dalai Lama, zu besuchen, von dem aus das tibetische Oberhaupt 1959 die Flucht nach Indien antrat.

lig fremd waren, führten zu einem erheblichen Produktionsrückgang. Zudem zwang die chinesische Verwaltung die Bauern, Weizen statt der anspruchslosen Gerste anzubauen. Der Weizen hatte den Boden nach etwa zwei Jahren ausgelaugt. Nahrungsmittelknappheit und – erstmalig in der tibetischen Geschichte – weitverbreitete Hungersnöte waren die Folge. Darüber hinaus drückten hohe Steuern die Bevölkerung.

Nicht einmal der Panchen Lama blieb verschont. In den fünfziger Jahren hatte er großes Verständnis für die Umwälzungen signalisiert und noch 1959, nach der Niederwerfung des Volksaufstands, stellte er sich mit unmißverständlichen

Worten auf die Seite der Chinesen. In den folgenden Jahren bemühte er sich indes um eine etwas größere Distanz zur chinesischen Führung. So weigerte er sich mehrmals, den Dalai Lama öffentlich als Verräter zu bezeichnen. 1964 wurde er deshalb selbst verhaftet und nach Peking gebracht. Dort mußte er vierzehn Jahre im Gefängnis verbringen. Nach dem Ende des Traumas gehörte er zu den ersten, die rehabilitiert und wieder in öffentliche Ämter eingesetzt wurden. Dennoch blieb er auch danach skeptisch gegenüber der Führung in Peking, was ihm möglicherweise zum Verhängnis wurde. Am 28. Januar 1989 starb der Panchen Rinpoche plötzlich bei einem seiner seltenen Besuche in Shigatse. Als amtliche Todesursache meldete die chinesische Nachrichtenagentur Xinhua „Herzschlag aufgrund von Überarbeitung". Unter den Tibetern im In- und Ausland gibt es kaum jemand, der das glaubt. Die meisten sind überzeugt davon, daß er umgebracht wurde. Auch wenn es keine Beweise dafür gibt, kann dies nicht ausgeschlossen werden, denn der Panchen Rinpoche war Peking gefährlich geworden. Kurz vor seinem Tod hatte er eine zunächst nicht öffentliche Anklageschrift gegen die Tibet-Politik Chinas verfaßt. Zudem waren auf einer geheimen Sitzung des Ständigen Komitees des Nationalen Volkskongresses am 28. März 1987 von seiner Seite harte Anklagen gegen die chinesische Führung erhoben worden. Die tibetische Regierung im Exil erhielt den Redebeitrag nach seinem Tod und veröffentlichte ihn im November 1991 unter dem Titel: „The Panchen Lama Speaks" (Der Panchen Lama spricht). Die Rede revidiert das Bild vom Panchen Rinpoche als Verbündeten Pekings im Kampf um die Macht in Tibet.

Am 9. September 1965 proklamierten die Chinesen die „Autonome Region Tibet", ein Akt, der das tibetische Territorium halbierte und große Teile der Bevölkerung administrativ in chinesische Provinzen verlegte. Der gesamte Osten, Amdo und große Teile von Kham, wurde den chinesischen Provinzen Qinghai, Gansu, Sichuan sowie Yunnan angegliedert, die alte tibetische Verwaltungsaufteilung aufgelöst. Wenn die Chinesen heute von Tibet sprechen, meinen sie nur die Autonome Region.

Die Große Proletarische Kulturrevolution

Der Terror gegen die tibetische Bevölkerung steigerte sich nach während der „Großen Proletarischen Kulturrevolution", die im August 1966 begann und auch in China einen fanatischen Kreuzzug gegen alles Traditionelle und Religiöse führte. In einem Land mit so tiefen religiösen Wurzeln wie Tibet nahm der Wahn der Roten Garden besonders absurde Ausmaße an. Blumen auf der Fensterbank oder Haustierhaltung wurden als Ausdruck „kleinbürgerlicher Gesinnung" ebenso streng geahndet wie traditionelle Haartracht und Kleidung oder das Kalken der Häuser zum Neujahrsfest.

Am meisten fürchteten die Tibeter die abendlichen Klassenkampfsitzungen, Thamzing genannt, auf denen sie ihre „revolutionäre Gesinnung" unter Beweis stellen mußten. Pema Thonden, eine Exiltibeterin, die 1979 als eine der ersten nach der Öffnung Tibets ihre Heimat besuchen durfte, berichtete darüber: „Unter all den Qualen der Tibeter war die abendliche Kritikversammlung oder Thamzing, die Kampfsitzung, die schlimmste. Dieses Thamzing – schlimmer als der Tod oder jede Folter – wurde jeden Abend nach Beendigung der Arbeit abgehalten und dauerte bis Mitternacht. Während des Thamzings wurden die Menschen gezwungen, sich gegenseitig zu kritisieren und zu schlagen. Wer sich weigerte, wurde selbst geschlagen. Nachbarn gegen Nachbarn, Schüler gegen Lehrer, Kinder gegen Eltern. Wenn du an der Reihe warst, Kritik zu üben, mußtest du ihnen, selbst wenn es deine Mutter oder dein Vater war, ins Gesicht spucken und sie mit aller Kraft treten oder schlagen. Andernfalls drohte dir, weil du es nicht mit genügendem Ernst tatest, dasselbe."

Die Kulturrevolution vollendete auch die Kollektivierung des Landes. Nicht nur die Bauern in den Dörfern, sondern sogar die Nomaden wurden in landwirtschaftlichen Volkskommunen zusammengepfercht und ihrer traditionellen Lebensart beraubt. 1975 verkündeten die Chinesen stolz, 99 Prozent der tibetischen Landbevölkerung lebten in Volkskommunen.

Schließlich fielen der Kulturrevolution nahezu alle noch verbliebenen Klöster und Tempel zum Opfer.

Die Bilanz der Zerstörungen

Die Bilanz nach dem Tode Maos am 8. September 1976 und der Entmachtung der „Viererbande", die in der Tradition der Kulturrevolution stand, war erschütternd:
– Etwa 1,2 Millionen Menschen waren in Arbeitslagern, durch Exekutionen, Massaker oder Hungersnöte ums Leben gekommen. Eine genaue Zahl läßt sich nicht ermitteln, da die Chinesen keine Opferstatistiken geführt haben und vor allem die Hungertoten in abgelegenen Landesteilen nicht erfaßbar sind.
– Die Landwirtschaft war durch die Kollektivierung und die Umstellung auf Weizenbau für Jahre ruiniert.
– Von den knapp 6000 Klöstern, Tempeln und religiösen Kultstätten des traditionellen Tibet hatten ganze 13 die Zerstörungen überstanden.

Lange Zeit lastete die chinesische Führung diese Verbrechen allein den "linksextremen Elementen" der Kulturrevolution an, von denen sich heute alle distanzieren. Mancher westliche Kommentator übernahm diese Sichtweise. Dabei bleibt außer acht, daß der größte Teil der Zerstörungen zwischen 1959 und 1965 stattfand – zu einer Zeit, als in China eine pragmatische Linie herrschte und Maos Einfluß schwächer war.

Im Juli 1987 legte die chinesische Führung auf einer Pressekonferenz in Lhasa erstmals eine detaillierte und unverblümte Statistik der Zerstörungen vor, in der die tibetischen Vorwürfe nahezu vollständig bestätigt wurden. Der Vizegouverneur von Pu Qiong bezifferte die Zahl der Klöster und Tempel in der Autonomen Region Tibet vor 1959 auf 2700, die der Mönche auf 114 000. Zwischen 1959 und 1966 seien die Klöster und Tempel auf 500, die Zahl der Mönche auf 6900 reduziert worden; das heißt, 79,6 Prozent der Kultstätten sowie 93,9 Prozent der Mönche wurden nach amtlichen chinesischen Angaben noch

Abb. 5: Auf dem Markt in Lhasa werden heute wieder Fleisch, Butter, Käse und andere Produkte angeboten.

vor der Kulturrevolution Opfer religiöser Intoleranz. 1978 gab es in der Autonomen Region Pu Qiong zufolge nur noch acht Klöster mit 970 Mönchen.

Die Überwindung des Traumas

Tibet erholte sich von dem Trauma nur sehr langsam. Wirtschaftlich gestand die neue Führung die Fehlentwicklung ein. Sie erlaubte den Tibetern nach einem Besuch des KP Generalsekretärs Hu Yaobang deshalb wieder begrenzte Privatinitiative in der Landwirtschaft und gewährte ihnen von 1980 bis 82 sowie erneut seit 1984 einen Abgabestop. Die chinesischen Statistiken über die damit verzeichneten Fortschritte können sich sehen lassen. So stieg das Jahresdurchschnittseinkommen der Bauern und Nomaden von 158 Yuan (1979) auf 317 (1984), das der Industriearbeiter gar von 880 Yuan auf 1730 in derselben Periode. In der Tat gibt es keine Hungersnöte mehr, und auf den Märkten in den größeren Städten können wieder Butter, Käse, Obst und Fleisch eingekauft werden.

Zudem bemühen sich die chinesischen Wirtschaftsplaner um eine verstärkte Ansiedlung von Industrieprojekten, was jedoch aufgrund der unzureichenden Verkehrsverbindungen mit großen Schwierigkeiten verbunden ist. Immerhin existieren heute in Tibet etwa 300, zumeist kleinere, Industriebetriebe, die dank Subventionen aus China überleben. Ein besonderes Anliegen der Chinesen ist eine verbesserte Energieversorgung, für die unter anderem geothermische Quellen genutzt werden sollen. Die wirtschaftliche Planung liegt in der Hand des „Tibetan Economical Development Center".

Zur Verbesserung der Infrastruktur wurden neben dem Straßennetz fünf Flughäfen errichtet, von denen allerdings nur einer dem zivilen Verkehr zur Verfügung steht.

Auch im Bildungsbereich warten die Chinesen mit beachtlichen Statistiken auf. In den achtziger Jahren errichteten sie drei Hochschulen, 14 polytechnische Schulen, 65 Mittel- sowie 2388 Grundschulen. Sofern sie von tibetischen Schülern besucht werden, findet zu gleichen Teilen tibetischer und chinesischer Sprachunterricht statt. In den überwiegend von Chinesen besuchten Schulen ist kein tibetischer Sprachunterricht vorgesehen. Der gesamte Sachunterricht – also Mathematik, Geographie, Geschichte etc. – findet in allen Schulen nur in Chinesisch statt, und selbstverständlich werden die Lerninhalte von Peking vorgegeben. In den neunziger Jahren erlaubte Peking einige von Exiltibetern initiierte Schulprojekte in abgelegenen Landesteilen wie Namling (im Distrikt Shigatse) oder Dagyab (in Kham). Dort wird das Schwergewicht auf die tibetische Sprache und Kultur gelegt. Die Existenz der freien Schulen erfordert großes diplomatisches Geschick, denn sie werden von den Behörden dauernd überprüft und bei etwaiger „separatistischer Propaganda" droht die sofortige Schließung. Was unter „separatistische Propaganda" fällt, entscheiden im Zweifelsfall die Behörden selbst.

Religionsfreiheit und Freizügigkeit sind formal wiederhergestellt, und so strömen Pilger aus allen Regionen zu den heiligen Stätten Lhasas und anderer Orte. Im ganzen Land wurden 250 der 6000 zerstörten Tempel und Klöster restauriert oder neu aufgebaut – mehr nicht, denn damit war angeblich der Bedarf gedeckt. Alle unterliegen der Kontrolle des Staates. Die Exiltibeter bleiben denn auch skeptisch gegenüber den Reformen, die sich ihrer Meinung nach vor allem auf äußere Formen beschränken, während die wirklichen Inhalte der buddhistischen Praxis nach wie vor großen Behinderungen unterliegen. China verweigert zum Beispiel vielen alten Lehrern, die während der großen Zerstörungen ins Exil geflohen sind, die Rückkehr an ihre früheren Wirkungsstätten. Ohne eine ausreichende Zahl von Lehrern kann die buddhistische Tradition jedoch nur unzureichend weitergeführt werden.

So sind die langen Schatten der Kulturrevolution zum Teil noch immer zu spüren. Selbst die Portraits von Mao Tsetung sind heute noch in Tibet mehr als anderswo im chinesischen Machtbereich zu sehen, und sie haben nicht nur symbolische Bedeutung. Bis 1985 lag die Macht in der Hand des regionalen KP-Vorsitzenden Yin Fatang, einem Chinesen in der Tradition der Kulturrevolution. Sein Nachfolger wurde Wu Jinghua vom Volk der Yi aus dem Südwesten Chinas. Er war der erste KP-Vorsitzende in Tibet, der nicht dem Mehrheitsvolk der Han angehörte. Unter Yin Fatang war es noch 1983 zu einer Verhaftungswelle gekommen, als Tibeter anläßlich des Geburtstags des Dalai Lama in Lhasa regierungskritische Wandzeitungen aufgehängt hatten. Zu Beginn des Jahres 1986 übte die Führung in Peking vorsichtige Selbstkritik an dem harten Kurs gegenüber Tibet. In einer Radiosendung wurde von dem „langen Weg" gesprochen, den Tibet noch gehen müsse, „um die radikale Linke zu eliminieren und den Einfluß der Kulturrevolution auszumerzen". Inzwischen sind zwar die wichtigsten Positionen mit tibetischen Kadern besetzt, doch von Selbstbestimmung ist das Land weiter entfernt denn je.

Damit sich die Exiltibeter selbst ein Bild von der Entwicklung machen sollten, gestatteten die Behörden seit 1979 vier Delegationen des Dalai Lama den Besuch im Lande. Alle vier zeichneten ein erschütterndes Bild von den Spuren der

Zerstörungen, aber auch von dem ungebrochenen Willen der tibetischen Bevölkerung, an der Tradition festzuhalten. Die zweite endete im Juli 1980 mit einem Eklat. Wegen der nicht mehr zu kontrollierenden Sympathiebekundungen der Tibeter wurden die Delegierten gezwungen, vorzeitig abzureisen.

Die wirtschaftliche Ausbeutung

Aus chinesischer Sicht gibt es viele Gründe, an Tibet festzuhalten und dem Land die Selbstbestimmung zu verweigern. Einer davon ist der wirtschaftliche Reichtum. Schon früh galt Tibet in China als „Schatzhaus des Westens".

Heute wird dieses Schatzhaus rücksichtslos ausgeplündert. Selbst Reisende in Osttibet, die wenig über die Situation wissen, erhalten einen Eindruck davon, denn täglich fahren hunderte von Lastwagen von dort Richtung China. Der Kahlschlag der tibetischen Wälder zählt zu den schwerwiegendsten Veränderungen auf dem Dach der Welt.

Bis zur chinesischen Invasion betrug die Waldfläche des Landes 220 000 Quadratkilometer. Das sind etwa 60 Prozent der Fläche Deutschlands. Nach einer von der tibetischen Regierung im Exil für die Umweltkonferenz in Rio 1992 erstellten Dokumentation sind davon noch 114 000 Quadratkilometer übriggeblieben, und die Dezimierung geht unvermindert weiter. Die Bestände an Birken, Lärchen, Tannen, Fichten und Pinien sind sogar zu 70 Prozent verschwunden.

Die größten Waldgebiete liegen im Südosten von Tibet, in der alten Provinz Kham. Dort existieren hunderte von Holzfällerlagern, in denen die Männer dem Wald zum Teil mit der Axt zu Leibe rücken. Die Zahl der Arbeiter jedoch macht diese altmodische Methode wett, so daß der Ertrag ebenso groß ist wie in den mit Motorsägen abgeholzten Wäldern Indonesiens oder Malaysias. Die Saison beginnt im Frühjahr nach der Schneeschmelze und dauert bis zum Wintereinbruch. Auch in Zentraltibet, in der Region Kongpo 300 Kilometer östlich von Lhasa, wird Holz geschlagen. Dort ist die Entwaldung sogar noch weiter fortgeschritten als im Osten des Landes. Zu den Gebieten, die zur Abholzung freigegeben werden, zählen auch Steilhänge, auf denen eine Regeneration und Wiederaufforstung kaum möglich ist. Die Verantwortlichen in China stört das wenig, denn für sie ist der Kahlschlag äußerst lukrativ. Nach eigenen Angaben hat Peking Holz im Wert von 54 Milliarden US-Dollar aus Tibet herausgeholt.

Zwar betreibt die chinesische Regierung offiziell ein Wiederaufforstungsprogramm, doch davon ist vor Ort nicht viel zu sehen. Die tibetische Regierung im Exil schätzt, daß allenfalls 2 Prozent der abgeholzten Fläche wieder aufgeforstet werden. Nach Beobachtungen in Osttibet ist selbst das schon optimistisch.

Die Folgen des Kahlschlags tragen nicht nur die Menschen in Tibet. Mit der Vernichtung der Wälder verändert sich auch das Gesicht des gesamten asiatischen Kontinents. Alle großen Flüsse Asiens – wie der Yangtse, der Mekong, der Brahmaputra, der Ganges oder der Indus, die 2,5 Milliarden Menschen mit ihrem Wasser versorgen – entspringen im tibetischen Hochland. Zur Monsunzeit können kahlgeschlagene Hänge die Wassermassen nicht mehr halten. Auf diese Weise werden Erd- und Gesteinsmassen in die Flüsse getragen, die so immer mehr verschlammen und verheerende Überschwemmungen verursachen. Die Flutkatastrophen in Nepal und Bangla Desh haben hier ihre Ursachen.

Neben Holz locken noch andere Reichtümer. Der Boden in Tibet enthält Gold, Silber, Uranerz, Lithium, Borax, Eisen, Kupfer und weitere Metalle. Sie alle werden im Tagebau ohne Rücksicht auf die Umwelt abgebaut. In der Umgebung mancher Abbauhalden, etwa in dem Dorf Gjama Trikhang, 120 Kilometer östlich von Lhasa gelegen, leiden die Menschen unter Hautausschlag, Atemerkrankungen, Durchfall, Fieber und anderen Krankheiten, die früher unbekannt waren und bisweilen tödlich verlaufen. Beschweren die Betroffenen sich bei den Behörden, werden sie auch noch Opfer von Verfolgung.

Die Regierung des unabhängigen Tibet war sich dagegen über die Bedeutung des Umweltschutzes schon im klaren, als in Europa noch niemand daran dachte. Unkontrollierte Jagd und Kahlschlag standen unter Strafe; die Bodenschätze, von deren Existenz die Tibeter wußten, wurden nur in bescheidenem Rahmen ausgebeutet. Und bereits im Jahre 1913, nur ein Jahr nach der Unabhängigkeit, erließ der 13. Dalai Lama ein Dekret, in dem es hieß: „Von nun an soll es niemandem gestattet sein, jemand anderen an der Anpflanzung von Bäumen auf freiem, unbebautem Land zu hindern. Niemand, weder die Regierung noch private oder religiöse Einrichtungen, darf sich solchen gesunden und nützlichen Handlungen in den Weg stellen".

Die Militarisierung Tibets

Ebenso wie die mit Holz beladenen LKWs ist die große Zahl der chinesischen Soldaten in allen Landesteilen ein vertrautes Bild für jeden Tibetreisenden. Von morgens früh bis spät in die Nacht sind sie zu Fuß, auf Fahrrädern, in Jeeps oder auf Lastwagen unterwegs. Militärisch ist Tibet für China recht bedeutsam. Das Dach der Welt stößt an Nepal und Indien, mit dem China 1962 einen blutigen Grenzkrieg geführt hat. Exakte Angaben über die Militärpräsenz sind noch schwieriger zu erhalten als über die Ansiedlung der Zivilisten. Realistische Schätzungen beziffern die Truppenstärke in der Autonomen Region auf über 300 000 Soldaten, manche sprechen gar von 500 000. An strategisch wichtigen Stellen im Westen Tibets hat China große Radaranlagen installiert. Zudem gibt es dort Stützpunkte für Mittelstreckenraketen mit einer Reichweite von 900 bis 2400 Kilometern. Im September 1986 berichtete die indische Zeitung „Newstime" sogar von chinesischen Plänen, Raketen mit 4000 Kilometer Reichweite zu stationieren. Im Osten Tibets, der Provinz Amdo, hat die chinesische Armee ein Testgelände für Mittelstreckenraketen errichtet, und in Nagchu, 230 Kilometer nordöstlich von Lhasa, befindet sich ebenfalls eine Basis für etwa 70 dieser Raketen.

Im Norden der Provinz Amdo unterhält die Volksbefreiungsarmee drei Atomraketenbasen. Dabei handelt es sich um

Xiao Qaidam, Da Qaidam und Delingha. In der Region östlich des Koknoor-Sees liegt zudem die berüchtigte „Neunte Akademie". Hinter dem unverfänglichen Namen verbirgt sich Chinas größtes Kernforschungszentrum, in dem in den siebziger Jahren die Atombombe entwickelt wurde. Das Gelände zählt zu den unzugänglichsten Plätzen im chinesischen Machtbereich. Teile der Anlage befinden sich unter der Erde, angeblich, um sie vor Angriffen zu schützen. So ist über die dortigen Aktivitäten wenig Konkretes bekannt.

Ähnlich verhält es sich mit der Atommülllagerung. Im Jahre 1984 machte die staatliche „China Nuclear Energy Industry Corporation" (CNEIC) den Atommächten ein verlockendes Angebot. Für nur 1500 Dollar pro Kilogramm wolle Peking radioaktiven Müll aufnehmen. Zur selben Zeit berichtete die Zeitung „Christian Science Monitor", China sei bereit, 5000 Tonnen radioaktiven Atommülls aufzunehmen. Auch deutsche Firmen waren bei der Durchführung der Geschäfte im Gespräch, darunter die Hanauer Firma Nukem sowie die Kraftwerksunion (KWU), eine Siemens-Tochter. Beide dementierten jedoch die Kontakte. Bei dem umstrittenen Tibetbesuch von Bundeskanzler Helmut Kohl im Juli 1987 waren indes auch Vertreter der Kraftwerksunion dabei, was den Gerüchten neue Nahrung gab.

Offenbar um die Öffentlichkeit zu verwirren, gab die KWU unterschiedliche Stellungnahmen ab. Zunächst hieß es, China sei zur Aufnahme bestrahlter Brennelemente bereit; wenige Tage später jedoch wurde diese Meldung dementiert. Präziser äußerte sich die Düsseldorfer Firma InterNuclear. Sie berichtete über einen bereits abgeschlossenen Vertrag, wonach China 150 Tonnen bestrahlter Brennelemente aufnehme.

Unabhängig von der deutschen Beteiligung stellt sich die Frage nach dem Ort für die radioaktive Endlagerung. Das dichtbesiedelte und übervölkerte chinesische Tiefland kommt dafür nicht in Frage. Tibet oder die Autonome Region Sinkiang (Ostturkestan), die Heimat der muslimischen Uighuren, bieten sich aus Pekinger Sicht an.

Anhaltende Unruhen

Angesichts der Militarisierung und der allgegenwärtigen Präsenz der chinesischen Soldaten, auch während der zaghaften Liberalisierung in den achtziger Jahren, blieb bei den Menschen das Gefühl der hilflosen Ohnmacht gegen eine rücksichtslose Besatzungsmacht bestimmend. Dieses Gefühl entlud sich im Herbst 1987 erstmals in gewalttätigen Unruhen, die letztlich dazu beitrugen, Tibet wieder zu einem öffentlichen Thema zu machen.

Den Unruhen waren diplomatische Aktivitäten des Dalai Lama vorausgegangen, über die sich die chinesische Führung erheblich empörte. Am 21. September 1987 hatte der Dalai Lama vor dem Menschenrechtsausschuß des amerikanischen Kongresses über die schwierige Lage in Tibet berichtet. Bei der Gelegenheit trug er einen „Fünf-Punkte-Friedensplan" vor, der folgendes enthielt:
- Tibet soll zu einer Friedenszone erklärt werden.
- Die Umsiedlung von Chinesen nach Tibet muß aufhören.
- Die fundamentalen Menschenrechte und demokratischen Freiheiten müssen respektiert werden.
- Die Umweltzerstörungen müssen gestoppt werden. Das Land darf nicht als Müllhalde für radioaktiven Abfall aus China oder westlichen Staaten mißbraucht werden.
- Ernsthafte Verhandlungen zwischen dem chinesischen und dem tibetischen Volk über den zukünftigen Status von Tibet müssen aufgenommen werden.

Der Auftritt des Dalai Lama vor dem amerikanischen Kongreß sowie die große Unterstützung für seinen „Fünf-Punkte-Friedensplan", der auch in Tibet bekannt wurde, veranlaßte die Chinesen, in Lhasa ihre Macht zu demonstrieren. Sie ließen zwei Tibeter, die sie des Mordes bezichtigten, vor 15 000 Menschen im Sportstadion öffentlich hinrichten. Um gegen diesen Gewaltakt zu protestieren, gingen 30 Mönche und 200 Zivilisten mit der verbotenen tibetischen Nationalfahne auf die Straße. Chinesische Sicherheitskräfte nahmen sie vorübergehend fest. Am 1. Oktober, dem chinesischen Nationalfeiertag, versammelten sich erneut Mönche, Nonnen und einfache Bürger zu einer Demonstration vor dem Jokhang-Tempel, und einmal mehr wurden sie sofort verhaftet. Daraufhin stürmten 3000 empörte Tibeter die Polizeiwache, um sie zu befreien. Die chinesischen Besatzer traf die Wut der Bevölkerung unvorbereitet, und so zogen sie sich zunächst zurück. Erst als massive Verstärkung nach Lhasa beordert worden war, gewannen die Soldaten nach mehrtägigen Straßenkämpfen die Kontrolle zurück. Dabei gingen sie mit großer Brutalität vor. Die Tibeter beklagten 20 Tote, mehrere Dutzend Schwerverletzte und über hundert Verhaftete. Auf chinesischer Seite wurde von 60 verletzten Polizisten und Soldaten berichtet.

Die Ereignisse waren der Auftakt zu einer Welle von Unruhen, die in den folgenden Jahren das Dach der Welt erschütterten. Bereits im März 1988 kam es erneut zu Massendemonstrationen. Auslöser dafür war die Nachricht vom Tod des Mönchs Geshe Lobsang Wangchuk, eines der populärsten Freiheitskämpfer, der auch nach der Liberalisierung in Haft bleiben mußte. Erneut griff die Polizei hart durch, und mindestens dreißig Menschen starben während der Auseinandersetzungen. Bei gewaltsamen Auseinandersetzungen im Dezember 1988 wurde auch eine Europäerin verletzt.

Die schwersten Unruhen ereigneten sich im März 1989, dem 30. Jahrestag des Volksaufstands von 1959. Dabei wurde weitgehend unter Ausschluß der Öffentlichkeit das vorweggenommen, was drei Monate später auf dem Platz des Himmlischen Friedens für weltweite Empörung sorgte: Um der Demonstrationen für die Eigenständigkeit Herr zu werden, verhängten die Behörden das Kriegsrecht, das auch die letzten Hemmungen der Soldaten aufhob. Wahllos schossen die chinesischen Truppen in die Menge; über 200 Personen starben im Kugelhagel oder unter den Schlägen. Das Kriegsrecht blieb über ein Jahr bis zum Mai 1990 in Kraft, und Lhasa glich während dieser Zeit einer Geisterstadt. Monatelang durfte nicht einmal die staatliche Tourismusbehörde Reisegruppen nach Lhasa führen.

Ein halbes Jahr später konnte die erste Reisegruppe die Stadt betreten. Ein anonymer Teilnehmer schilderte in der Wochenzeitung „Die Zeit" die Stimmung in der Stadt: „Lhasa selbst befindet sich im Belagerungszustand. Zwar hatte es schon immer an der Einfahrt zur Stadt einen Kontrollposten gegeben, doch heute patrouillieren hier schwer bewaffnete Armee-Einheiten und unterziehen jedes Fahrzeug einer gründlichen Kontrolle. Auch Busse mit ausländischen Touristen werden kontrolliert, mitunter sogar an Kreuzungen in der Stadt selbst... Die Präsenz der Militärmacht wird den Touristen auch vor Augen geführt, wenn vor dem Hotel über hundert Soldaten mit martialisch klingendem Gebrüll exerzieren. Den nachhaltigsten Eindruck von der Lage in Tibet erhält der Reisende beim Besuch der Klöster von Lhasa und Umgebung. Ein Gürtel weißer chinesischer Militärzelte umgibt die drei großen Klöster Sera, Drepung und Ganden. Soldaten kontrollieren jeden, der sie betreten oder verlassen möchte... Die Chinesen in Uniform haben sich offenbar auf einen langen Aufenthalt eingestellt."

Ungeachtet des Belagerungszustands versammelten sich die Menschen 1991 sowie im Mai 1993 erneut zu Demonstrationen in Lhasa. Gleichzeitig verlagerten sich die Proteste wegen der lückenlosen Überwachung des Stadtzentrums aufs Land. Im März 1993 kam es in der Nähe des Klosters Labrang in Amdo zu schweren Ausschreitungen zwischen Mönchen und muslimischen Siedlern. Streitpunkt war eine neue Moschee, deren Lautsprecheranlagen die Mönche in ihrer Meditation störte. Mulimische Chinesen, die Hui, werden von den chinesischen Behörden gern zur Sinisierung Tibets eingesetzt, da sie sich zumeist als loyale Staatsbürger erweisen. In Tibet jedoch erfreuen sie sich keiner großen Beliebtheit.

Im Februar 1995 kam es beim Kloster Nalanda, 25 Kilometer nördlich von Lhasa, zu schweren Unruhen. In der Umgebung war es schon mehrmals zu friedlichen Protesten gegen die chinesische Besetzung gekommen, hinter denen die Chinesen die Nalanda-Mönche vermuteten. Zudem soll ein Mönch einen Anstecker mit der Forderung nach Unabhängigkeit getragen haben. Bei geringer Gegenwehr – die Mönche hatten sich mit Steinen bewaffnet – stürmten gut ausgerüstete

Polizeikräfte schließlich das Kloster, verhafteten 32 Mönche und wiesen 90 aus. Unruhen gab es auch noch in Yamure und in Terdrom im Bezirk Meldrogungkar, 120 Kilometer nordöstlich von Lhasa, sowie in Garze in Osttibet.

Der „mittlere Weg" des Dalai Lama

Der Dalai Lama betrachtet die Eskalation der Ereignisse mit großer Sorge. Zum einen verschärft sich dadurch die Lage für die Zivilbevölkerung; zum anderen widerspricht dies seiner grundlegenden Überzeugung von Gewaltfreiheit und Mitgefühl. Um die Lage zu entschärfen, unterbreitete er der Volksrepublik China immer neue Verhandlungsangebote mit immer weitreichenderen Konzessionen schon im Vorfeld der Gespräche. Der bereits erwähnte „Fünf-Punkte-Friedensplan" vom September 1987 war nur der erste Schritt. Am 15. Juni 1988 verzichtete er erstmals auf die Forderung nach staatlicher Unabhängigkeit. In einer Rede vor dem Europäischen Parlament bot er an: „Gesamttibet soll in Assoziierung mit der Volksrepublik China eine sich selbst regierende, demokratisch-politische Einheit werden, die sich mit der Zustimmung des Volkes auf Recht gründet und sich für das Allgemeinwohl sowie für den Schutz der Bevölkerung und der Umwelt verpflichtet. Die Regierung der Volksrepublik China könnte auch weiterhin für Tibets Außenpolitik verantwortlich bleiben."

Diese als „mittlerer Weg" bekannte Initiative wurde in Details noch modifiziert, doch im Kern hält der Dalai Lama daran fest, der VR China die staatliche Souveränität zuzugestehen, wenn Peking im Gegenzug echte Autonomie mit innerer Selbstverwaltung garantiert. Bei manchen jungen Tibetern stieß er mit der Initiative auf Widerspruch. Sie bemängeln, damit würden bereits im Vorfeld von Verhandlungen Positionen festgeklopft, die vielleicht am Ende als Resultat stehen könnten. Noch verhindert die Autorität des Dalai Lama eine offene Rebellion gegen diese Linie, doch die Ungeduld wächst nicht nur in Tibet, sondern auch in den Exilgemeinden.

Die chinesische Führung hat dem Dalai Lama sein Entgegenkommen nicht honoriert. Vorübergehend schienen direkte Verhandlungen zwischen beiden Konfliktparteien möglich. Die für Januar 1989 in Genf vorgesehenen Gespräche wurden schließlich von Peking, nicht zuletzt wegen formaler Fragen, abgesagt. So weigerte sich die chinesische Regierung, Mitglieder der tibetischen Regierung im Exil als Verhandlungspartner zu akzeptieren, weil dies einer Anerkennung gleichkäme. Dann argumentierte Peking auch politisch. Tibet sei ein integraler Bestandteil Chinas und somit kein Gegenstand von Verhandlungen. An dieser Position wird sich bis zum Tode Deng Xiaopings auch nichts ändern. Da keiner weiß, welche Linie danach Gültigkeit hat, möchte niemand riskieren, durch unbedachte Äußerungen in der Tibetfrage seine Karriere aufs Spiel zu setzen.

Eines haben die diplomatischen Initiativen des Dalai Lama dennoch erreicht: Er wird von der internationalen Gemeinschaft als Gesprächspartner ernstgenommen. Nahezu alle Regierungschefs der westlichen Industrienationen sind inzwischen mit dem tibetischen Oberhaupt zusammengekommen. Der erste Präsident, der das Tabu brach, war der Tscheche Václav Havel im Januar 1990. Darauf reagierte die VR China noch empört und stornierte ein zuvor vereinbartes Geschäft über die Lieferung von LKWs. Würde Peking heute noch so reagieren, gäbe es bald keine Partner mehr. Am 4. Oktober 1990 empfing Bundespräsident Richard von Weizsäcker den Dalai Lama am Rande der Feierlichkeiten zur deutschen Vereinigung in seinem Berliner Amtssitz. In den nächsten Jahren folgten die US-amerikanischen Präsidenten George Bush und Bill Clinton, der britische Premierminister John Major, der französische Staatspräsident François Mitterrand, der italienische Ministerpräsident Silvio Berlusconi und viele andere. Eine ausdrückliche Unterstützung des tibetischen Freiheitskampfes war auch die Verleihung des Friedensnobelpreises an den Dalai Lama 1989. China reagierte darauf „mit Wutausbrüchen wie Adolf Hitler 1935 bei der Zuerkennung des Preises an den Friedenskämpfer Carl von Ossietzky", so der Vorsitzende des

Nobelpreiskomitees, Egil Arvik. Auswirkungen auf die Lage in Tibet haben die diplomatischen Erfolge des Dalai Lama bislang allerdings noch nicht.

VI. Sinisierung, Geburtenkontrolle, Zerstörung der alten Städte – Tibet wird eine chinesische Provinz

Wenn der Dalai Lama nach dem größten Problem Tibets gefragt wird, nennt er an erster Stelle zumeist die Ansiedlung der Chinesinnen und Chinesen. In der Tat hat die Sinisierung und die damit einhergehende Zerstörung der tibetischen Städte seit Ende der achtziger Jahre Ausmaße angenommen, die alle anderen Sorgen in den Schatten stellen. Dadurch werden nämlich Fakten geschaffen, die auch bei veränderten politischen Bedingungen in China und Tibet nicht so einfach wieder rückgängig zu machen sind. Zerstörte Tempel können wieder aufgebaut, Besatzungssoldaten abgezogen und Menschenrechtsverletzungen beendet werden, doch die Chinesinnen und Chinesen, die sich fest in Tibet niedergelassen haben, deren Kinder dort geboren wurden und aufwachsen, betrachten das Land inzwischen auch als ihre Heimat. Sie wird die Politik eines unabhängigen Tibet mit einbeziehen müssen. Die chinesische Führung gibt sich kaum Mühe, das Sinisierungsprogramm zu verleugnen; im Gegenteil, sie verteidigt es sogar gegenüber ausländischen Kritikern. Als der ehemalige US-Präsident Jimmy Carter gegenüber Deng Xiaoping Vorbehalte äußerte, antwortete Chinas starker Mann zynisch: „Es schadet nichts, wenn ein paar Han nach Tibet gehen und bei der Entwicklung des Landes helfen."

Zwangsmaßnahmen zur Geburtenkontrolle

Im historischen Tibet einschließlich der Provinzen Kham und Amdo leben etwa 10 Millionen Chinesen. Genaue Zahlen existieren nicht, da sich China aufgrund der internationalen Proteste mit authentischen Statistiken über die Umsiedlungen zurückhält und kein Interesse hat, die spontanen Siedler, die Freunden und Verwandten folgen, zu erfassen. Manche exiltibetischen Quellen gehen deshalb sogar von 11–12 Millionen chinesischer Einwanderer aus. Die Anzahl der Tibeterinnen und Tibeter wird zumeist mit 6 Millionen angegeben, doch verzeichnet die letzte chinesische Volkszählung von 1990 offiziell nur 4,59 Millionen. In der sogenannten „Autonomen Region Tibet" stellen die Tibeter noch die Bevölkerungsmehrheit, doch ihr Anteil schwindet dahin. Wenn die Entwicklung so weiter geht, werden sie spätestens Ende der neunziger Jahre auch dort in der Minderheit sein.

Nach der offiziellen Statistik bedeutet die Zahl von 4,59 Millionen Tibetern gegenüber der Volkszählung von 1982 einen Zuwachs von 2,15 Prozent. Das ist den chinesischen Behörden offenbar bereits zu viel, denn das englischsprachige Regierungsorgan „China's Tibet" bemerkte dazu in der Ausgabe vom Winter 1993: „Ein solcher Bevölkerungszuwachs birgt zahllose Probleme und unermeßlichen Druck für die Gesellschaft, die Wirtschaft und die Ökologie der tibetischen Minderheit. Er würde die Minderheit daran hindern, am modernen Wohlstand teilzuhaben, der eine bestimmte Grenze bei der Bevölkerungszahl und der Fortpflanzung sowie ein bestimmtes Pro-Kopf-Einkommen verlangt."

Derartige Äußerungen sind nichts anderes als die ideologische Rechtfertigung von Abtreibungs- und Sterilisierungsprogrammen für tibetische Frauen. Während auf der einen Seite Millionen chinesischer Familien animiert werden, sich in Tibet niederzulassen, sind die tibetischen Frauen rücksichtslosen Maßnahmen der Geburtenverhinderung ausgesetzt. Das widerspricht sogar dem herrschenden Gesetz zur Familienplanung, das die Ein-Kind-Familie vorsieht. Zwar gilt dieses Gesetz nicht für Minderheiten mit weniger als zehn Millionen Angehörigen, in Tibet herrscht jedoch auch im Bereich der Familienplanung totale Willkür. Eine Dokumentation des „International Committee of Lawyers for Tibet" (ICLT) in San Francisco berichtet von sogenannten „Blitzkampagnen" mobiler Geburtenkontrollteams, die abgelegene Dörfer in Tibet aufsuchen, um Abtreibungen oder Sterilisationen bei nahezu allen Frauen im gebärfähigen Alter durchzuführen, ohne Rücksicht auf Gesundheit oder Anzahl der vorhandenen Kinder. Abtreibungen und Sterilisationen werden in der Regel ohne Wissen der Frauen vorgenommen. Die Frauen werden ermutigt, Kliniken für Vorsorgeuntersuchungen aufzusuchen. Dort werden ihnen häufig Injektionen verabreicht, die zu Fehlgeburten führen. Auf die Abtreibung folgt dann die Sterilisierung. Das ICLT dokumentiert sogar Fälle, bei denen zum Zeitpunkt der Geburt tödliches Ethanol in den Kopf der Babys injiziert wurde, so daß sie tot geboren wurden. Frauen, die sich wehren, werden mit brutaler Gewalt gefügig gemacht und bei den Eingriffen gefesselt.

Eine Frau aus Amdo, die heute im indischen Exil lebt, berichtet über ihre eigenen Erfahrungen: „Als ich mit meinem dritten Kind schwanger war, kamen chinesische Beamte oft zu mir nach Hause, um mich zu einer Abtreibung zu überreden. Sie sagten mir, daß es nicht erlaubt sei, ein drittes Kind zu haben und daß ich ins Krankenhaus gehen sollte, wenn ich etwa im fünften Monat schwanger wäre, um eine Abtreibungsspritze zu bekommen. Ich bekam große Angst und entschloß mich, bis zur Geburt des Kindes von zuhause wegzugehen. Ich fürchtete, daß man mich zu einer Abtreibung zwingen würde, wenn ich zuhause bliebe. Ich zog also zu meiner Mutter in ein anderes Dorf. Während der Zeit, die ich bei meiner Mutter lebte, kamen die Beamten, die mir die Abtreibung nahegelegt hatten, etwa zehnmal zu mir nach Hause. Sie fragten meinen Mann, wo ich sei. Als er sagte, er wisse es nicht, schlugen sie ihn ins Gesicht, traten ihn und schlugen ihn mit Stöcken. Sie drohten ihn zu verhaften, wenn er ihnen nicht sagte, wo ich sei und wenn ich nicht wiederkäme. Sie trugen Pistolen und hatten Handschellen bei sich. Als die Geburt bevorstand, ging ich nach Hause zurück. Etwa einen Monat nach der Entbindung kamen die Beamten wieder und drohten, uns all unsere Habe wegzunehmen und meinen Mann ins Gefängnis zu bringen ... Sie befahlen mir, mit ihnen ins Krankenhaus zu kommen. Ich erhielt eine Spritze ins Rückenmark. Sie sollte mich eigentlich betäuben, aber ich konnte genau spüren, was die Ärzte machen. Der Eingriff war sehr schmerzhaft.

Es gab vier Betten im Operationsraum. Ich sah mit eigenen Augen, wie sie schwangeren Frauen mit sehr langen Nadeln Injektionen gaben. Sie injizierten in den Kopf des Kindes eine Art Gift. Später hatten diese Frauen dann eine Fehlgeburt im Krankenhaus. Ich sah viele Föten in den Toiletten. Ich sah, wie sie von Hunden gefressen wurden. Die Eltern durften die Föten nicht behalten, es sei denn, sie bezahlten die Rechnung für den Eingriff. Diese Rechnungen waren so hoch, daß niemand sie bezahlen konnte."

Genaue Zahlen über das Ausmaß der Sterilisationen und Abtreibungen gibt es nicht, da systematische Untersuchungen nicht möglich sind. Die Berichte und Fallbeispiele basieren entweder auf Aussagen von Flüchtlingen oder auf geheimen Recherchen ausländischer Tibetfreunde, die sich als Touristen im Land aufhalten. Abtreibungen sind für die tibetischen Frauen besonders schlimm. Sie dezimieren nicht nur die Bevölkerung, sondern widersprechen auch der buddhistischen Ethik, die jedwede Tötung von Lebewesen verbietet. Die psychischen Folgeschäden sind deshalb häufig noch gravierender als bei Abtreibungen von Frauen, die nicht dem buddhistischen Kulturkreis angehören.

Entwicklungsprogramm „Lhasa 2000"

Lange Zeit war es für Chinesen aufgrund der Höhenlage sowie der schwierigen klimatischen Bedingungen nicht erstrebenswert, sich in Tibet niederzulassen. Das ist heute – vor allem aus wirtschaftlichen Gründen – anders. Der Bevölkerungsdruck in China ist so groß, daß Millionen von Menschen keine Perspektive mehr haben. Dagegen erhalten diejenigen, die sich in Tibet niederlassen, erhebliche wirtschaftliche Vergünstigungen. Der chinesische Staat investiert viel Geld, um für sie eine Infrastruktur und Arbeitsplätze zu schaffen. Im Handel sowie im Tourismus werden sie gegenüber den Einheimischen bevorzugt. So eröffnet das Leben in Tibet für viele Chinesen, die im Mutterland keine Chance mehr haben, neue Möglichkeiten.

Alle größeren tibetischen Städte haben heute bereits eine chinesische Bevölkerungsmehrheit. Auch von den traditionellen tibetischen Siedlungen ist nicht mehr viel übriggeblieben. Die Umwandlung der Städte begann in den achtziger Jahren, und sie ist in Lhasa am weitesten fortgeschritten. Der „Lhasa Development Plan" (Lhasa Entwicklungsplan) sah den Abriß alter tibetischer Wohnviertel vor, die durch neue Häuser mit „lokalen Merkmalen" ersetzt wurden. Recht unbescheiden verkündeten die Stadtplaner, sie hätten „eine neue Hochplateaustadt mit nationalen Charakteristika errichtet, die die Augen der Welt auf sich ziehe".

Was der „Lhasa Development Plan" noch an alter Bausubstanz übriggelassen hatte, fiel in den neunziger Jahren dem Entwicklungsprogramm „Lhasa 2000" zum Opfer. Etwa 300 Millionen US-Dollar stellt die chinesische Führung pro Jahr für dieses Programm zur Verfügung, und sein Ziel ist es, aus Lhasa eine „moderne sozialistische Stadt mit nationalen Charakteristika" zu machen. Was dies bedeutet, belegt eine 1994 erschienene Studie des von der UNO getragenen „Centre on Housing Rights and Eviction" in Amsterdam. Diese weist nach, daß nur noch zwei Prozent der Wohnfläche Lhasas aus alten tibetischen Häusern bestehen. Zur Zeit der Studie umfaßte die Stadt 40 Quadratkilometer, und sie wächst jährlich um 1,5 bis 2 weitere Quadratkilometer. Dabei handelt es sich ausschließlich um chinesische Neubauten.

Wie ernst es die chinesische Führung mit dem Entwicklungsprogramm „Lhasa 2000" meint, kann jeder erkennen, der Lhasa mehrmals besucht hat. Die Veränderungen innerhalb weniger Jahre drängen sich auf. So stand unterhalb des Potala-Palastes bis Ende der achtziger Jahre die tibetische Siedlung Shöl aus dem 17. Jahrhundert. Sie war von der damaligen tibetischen Regierung angelegt worden, um den Palast vor Eindringlingen zu schützen. Als Wohnort erfreute sie sich aufgrund ihrer günstigen Lage für den Handel großer Beliebtheit. Die Häuser der über 1000 Bewohner waren von einer Mauer umgeben und vom eigentlichen Stadtkern getrennt. Die Siedlung bildete somit eine selbständige Einheit.

Heute künden nur noch Reste vom alten Shöl. 700 Tibeter wurden 1990 von dort vertrieben, da die Siedlung einem Touristenpark mit Markt weichen mußte. Das offizielle chinesische Reisebüro verkauft dort seine weit überteuerten Souvenirs an Reisende, die vom Potala herunterkommen. Ein ehemaliger Bewohner von Shöl klagt: „Uns Vertriebenen wurden Wohnungen in Betonbauten zugewiesen, die halb so groß, aber zehnmal so teuer sind wie unsere alten. Die neuen astronomischen Mieten können wir nicht bezahlen und so werden wir aus der Stadt herausgedrängt in Gebiete, in denen wir keinen Handel betreiben können. Die alten historischen Plätze werden von den Chinesen besetzt, die den Tourismus monopolisieren. Wir verlieren also nicht nur unsere Häuser, sondern auch unsere Lebensgrundlage."

Das gilt für viele der früheren Bewohner Lhasas. Gerade die Gegend um den Potala-Palast herum zeigt die neuen Machtverhältnisse. Während China den Palast selbst mit großem Aufwand renovieren ließ und im Dezember 1994 sogar zustimmte, ihn in die Liste des UNESCO-Weltkulturerbes aufzunehmen und damit international zu schützen, befindet sich die Region zu seinen Füßen ganz in der Hand der chinesischen Geschäftswelt. Wo in den achtziger Jahren ein von Zelten gesäumter Feldweg war, befinden sich heute Niederlassungen von VW, Toyota, Mitsubishi und anderen internationalen Firmen. Auch die Vergnügungsindustrie hat zu Füßen des Potala ihre Zelte aufgeschlagen. Bars, Karaoke-Discos, Spielhallen und Bordelle werben um Kundschaft. Die Prostitution expandiert ähnlich schnell wie das sonstige Geschäftsleben. Etwa 100 000 Soldaten im Großraum Lhasa haben eben ihre Bedürfnisse. Im Westen rundet ein modernes Funkhaus die chinesische Umrahmung des Potala-Palastes ab, damit die Neusiedler nicht auf ihre gewohnten Medien verzichten müssen.

Tibetisch sind nur noch einige Monumente, die jedoch eher kitschig als authentisch wirken. Auf einer Verkehrsinsel zwischen VW-Emblem und dem Funkhaus steht ein gigantischer

Yak, das tibetische Hochlandrind. Er ist wohl ein Überbleibsel vom Geist der stalinistischen Monumentalkunst mit Konzessionen an den mutmaßlichen Geschmack der Touristen, denn auf das typische Grau der damaligen Epoche hat man verzichtet. Der neue Yak erstrahlt im leuchtenden Gold. Damit sollten die Yaks geehrt werden, erklärt die chinesische Fremdenverkehrsindustrie mit unerschütterlicher Überzeugung.

Mit der Bebauung zu Füßen des Potala wurde auch der alte Lingkhor-Pilgerweg zerstört, der rings um die heilige Stadt führte. Manche alten Tibeter lassen es sich dennoch nicht nehmen, weiter diesen Weg entlangzupilgern. Dabei mutet es wie ein Bild aus einem alten Film an, wenn sie sich mit ihren Gebetsmühlen am Rande der Asphaltstraße zwischen Vergnügungslokalen und Niederlassungen internationaler Firmen bewegen.

Der Zugriff auf den Barkhor

Bis in die neunziger Jahre hinein war das eigentliche Zentrum von Lhasa um den Jokhang-Tempel herum, die sogenannte Barkhor-Gegend, von der chinesischen Besiedlung noch relativ unberührt. Die Einheimischen bildeten die Bevölkerungsmehrheit und lebten in ihren eigenen Häusern. Seit 1993 hat sich auch im Barkhor-Bereich die Umwandlung in eine chinesische Stadt vollzogen. Ganze Häuserzeilen von mehreren Hektar Fläche wurden abgerissen und durch neue Blöcke ersetzt. Die Stadtplaner wollten damit nach eigenen Angaben den Lebensstandard auch im Kern der tibetischen Hauptstadt anheben, da viele der alten Häuser ohne fließendes Wasser und sanitäre Einrichtungen waren. Niemand kam jedoch auf die Idee, sie nachträglich damit auszustatten, auch wenn die Bausubstanz noch gut war. Dagegen hat eine Studie des Londoner „Tibet Information Network" deutlich gemacht, daß Baumaterialien sowie Elektro- und Sanitärinstallationen in den Neubauten von minderwertiger Qualität sind und von seiten der Chinesen den besonderen klimatischen Bedingungen keine

Rechnung getragen wird. Die Untersuchung war ohne Wissen der Behörden durchgeführt worden und basierte auf Informanten, die anonym bleiben konnten.

Tatsächlich waren in erster Linie sicherheitspolitische Erwägungen die Triebfeder des Sanierungsprogramms im Stadtzentrum. Die Barkhor-Gegend war immer wieder der Ausgangspunkt für Proteste gegen die chinesische Besetzung. Die engen Gassen, mit denen die chinesischen Soldaten nicht vertraut sind, bieten den Demonstranten Schutz. Zudem öffnen die Einheimischen Türen und Hinterhöfe, in denen Demonstranten verschwinden können, wenn sie verfolgt werden. Zwar gibt es entlang des Barkhor inzwischen eine relativ lückenlose Kamera- und Soldatenüberwachung, doch das allein reicht China offenbar nicht, um jeden Protest im Keim zu ersticken. Mit der Altstadtsanierung scheint Peking nun ein geeignetes Mittel gefunden zu haben, da sich dadurch auch die Bevölkerungsstruktur ändert. Die ursprünglichen Bewohner haben kaum eine Chance, in die neu errichteten Wohnungen einzuziehen. Auf einer Versammlung erfahren die betroffenen Personen, bis wann sie ihre Häuser zu räumen haben. Widerspruch dagegen ist nicht möglich. Für den alten Wohnraum erhalten sie eine Entschädigung von 20 bis 25 Yuan (6 Yuan entsprechen etwa 1 DM) pro Quadratmeter sowie die Möglichkeit, den neuen Wohnraum zu kaufen. Das Angebot hat nur einen Schönheitsfehler: Die neuen Häuser kosten 1400 Yuan pro Quadratmeter. Das kann sich kaum eine tibetische Familie leisten, und so kaufen sich finanzkräftige Chinesen in der Barkhorgegend ein.

Zur Sinisierung Tibets trägt auch die Praxis der chinesischen Verwaltung bei, entlassene Soldaten der Volksbefreiungsarmee mit finanziellen Vergünstigungen zum Verbleib in Tibet zu animieren. Bis Ende der achtziger Jahre war es üblich, daß in Tibet stationierte Soldaten nach ihrem aktiven Dienst in die Volksrepublik China zurückgekehrt sind. Heute legt die Regierung Wert darauf, sie als Zivilisten in dem besetzten Land zu behalten. Eine relativ hohe Pension sowie staatliche Unterstützung beim Aufbau eines Geschäfts machen dieses Angebot für viele attraktiv.

Die Zukunft des Landes?

Insgesamt leben in Lhasa etwa 170 000 Menschen, darunter allenfalls 50 000–60 000 Tibeterinnen und Tibeter. Was sich in Lhasa vollzogen hat, gilt auch für die anderen Städte Zentraltibets wie Shigatse und Gyantse. In Shigatse stellen die Chinesen etwa die Hälfte der Bevölkerung, und sie beherrschen das Geschäftsleben. Der traditionelle tibetische Markt unterhalb der Ruinen der von chinesischen Soldaten zerstörten Burg (Dzong) bietet nur eine bescheidene Auswahl an Waren. Noch zu Sven Hedins Zeiten war das ganz anders. Der schwedische Forscher, der einige Zeit in Shigatse lebte, bewunderte den Markt für sein reiches Angebot, darunter viele aus Indien importierte Güter. Das Geschäftsleben der Stadt spielt sich heute in den Straßen ab, die vom alten Stadtkern aus in die Neubaugebiete am Rande führen. Die Läden, die sich hunderte von Metern entlang der Straße reihen, befinden sich fast ausschließlich in chinesischer Hand.

Am weitesten fortgeschritten ist die Sinisierung in Osttibet, in den Provinzen Amdo und Kham, die von China gar nicht mehr als Teil Tibets anerkannt werden. Die Stadt Batang vermittelt einen Eindruck, wie sich die Regierung in Peking das moderne Tibet letztlich vorstellt. Batang liegt im Tal des Yangtse-Flusses auf einer Höhe von nur 2800 Metern. Luft und Klima sind für tibetische Verhältnisse sehr angenehm, und der Ort ist deshalb zu einer Hochburg der chinesischen Besiedlung geworden. Bis 1990 war Batang eine Stadt wie viele andere in Tibet, mit verwinkelten Straßen im Zentrum und einem großen Tempelbezirk. Dann begannen die chinesischen Besatzer, den gesamten Stadtkern abzureißen. Kein einziger Straßenzug blieb davon verschont. Heute prägt ein großer Platz mit einem monumentalen Heldendenkmal die Stadtmitte. Es zeigt einen überdimensionalen Adler, der nach einem Sturzflug zur Landung ansetzt, und könnte ein Symbol dafür sein, wie China Tibet an sich gerissen hat. Um den Platz herum stehen neue chinesische Gebäude im pseudo-tibetischen Stil. Sie beherbergen Billardhallen, ein Jugendzentrum, das neue Rathaus sowie Wohn- und Geschäftsräume. Unter der chinesischen Bevölkerung findet sich kaum jemand, der aus Batang stammt. Sie sind in den letzten Jahren aus der westchinesischen Provinz Sichuan oder umliegenden Regionen hierhergekommen. Für ihre Sicherheit sorgt eine große Kaserne der Volksbefreiungsarmee im Osten der Stadt. Den chinesischen Bewohnern gefällt das neue, moderne Batang. Gefragt, was die größte Attraktion der Umgebung sei, antworten viele, es sei die Stadt selbst.

Die Tibeter können sich dem nicht anschließen. Ihre Siedlungen ziehen sich in die Berge hinein, die Batang umgeben. Der Platz am Rand hat durchaus symbolische Bedeutung. Mehr Raum bleibt ihnen nicht.

Internationale Hilfe

Zur Finanzierung des Sinisierungsprogramms bemüht sich die chinesische Regierung auch um ausländische Unterstützung. Da die Landwirtschaft wenig ertragreich ist, muß der Staat viel Geld für den Import von Weizen ausgeben. Die chinesischen Siedler bevorzugen Weizen, während die tibetischen Bauern traditionell Gerste anbauen, die im kargen Hochland am besten gedeiht. Jährlich führt China knapp 100 000 Tonnen Weizen in die Autonome Region Tibet und sogar 300 000 Tonnen in die alte Provinz Amdo ein. Um dafür nicht allein aufkommen zu müssen, bemüht Peking internationale Entwicklungsinstitutionen. Das World Food Program (Welternährungsprogramm), eine Institution der Vereinten Nationen mit Sitz in Rom, finanziert seit den frühen neunziger Jahren ein Pilotprojekt, das die Bauern zu einer höheren Weizenproduktion animiert und damit die Abhängigkeit von Importen verringert.

Auch die Europäische Union unterstützt ein ähnliches, aber noch erheblich größeres Projekt in Panam, einer Region zwischen Shigatse und Gyantse. Dieses Gebiet zählt zu den fruchtbarsten im kargen Tsangpotal. Dort möchte Peking deshalb die „Getreidekammer Tibets" errichten. Zehn gigantische Bewässerungssysteme sowie 1000 Tonnen Kunstdünger sollen den Weizenanbau in der Panam-Region möglich machen. Die tibetischen Bauern, die dort seit Jahrhunderten eine funktionierende Subsistenzwirtschaft betreiben, werden von teuren Düngern und Maschinen abhängig und auf lange Sicht in ihrer Existenz vernichtet. Dagegen lassen sich die Vorstellungen der Zentralregierung, die Panam-Region in den chinesischen Markt zu integrieren und die Basis für neue Ansiedlungen zu schaffen, leicht verwirklichen. Zur Finanzierung beantragte die chinesische Regierung 7,6 Millionen ECU (über 15 Millionen DM) bei der EU. Der Asien-Lateinamerika-Ausschuß hatte den Betrag Ende 1994 bereits gebilligt. Dank der Überzeugungsarbeit verschiedener Tibet-Gruppen sowie Abgeordneter des Europäischen Parlaments wurde die Finanzierung dieser Art der Kolonisation vom Außenwirtschaftsausschuß vorübergehend gestoppt. Über dieses Votum hat sich die Kommission jedoch hinweggesetzt. Dabei stützte sie sich auf eine Untersuchung, die mit offizieller Billigung und Begleitung der chinesischen Behörden im Land war. Kein Wunder, daß sie nur Gutes über das Projekt gehört hat. Chinas Einfluß reicht offenbar weit über die Grenzen Tibets hinaus.

VII. „Haben Sie ein Bild des Dalai Lama?" – Die allgegenwärtige Religion

Die Unruhen seit Herbst 1987 haben der chinesischen Führung unmißverständlich das Scheitern ihrer Tibetpolitik vor Augen geführt. Wohl selten ist der Versuch, eine Gesellschaft von Grund auf zu ändern, so kläglich mißlungen wie in Tibet, wo weder härteste Unterdrückung noch liberale Reformen der buddhistischen Kultur ihre Basis entziehen konnten.

Die Delegationen des Dalai Lama

Einen Eindruck von der ungebrochenen Popularität des Dalai Lama und der Religion, die durch ihn verkörpert wird, erhielten die Chinesen erstmals während seiner vier Delegationen. Dabei war der Abbruch der zweiten nur ein hilfloser Versuch, die Sympathiebekundungen einzudämmen.

Diese Delegationen waren das Ergebnis von Verhandlungen zwischen dem Dalai Lama und der chinesischen Führung. Peking legte zeitweilig großen Wert darauf, das tibetische Oberhaupt zu einer Rückkehr in die Heimat zu bewegen, denn das hätte einen gar nicht hoch genug einzuschätzenden Prestigegewinn bedeutet. Als Voraussetzung verlangte der Dalai Lama freien Zugang zu allen Landesteilen für mehrere Delegationen, die erkunden sollten, unter welchen Bedingungen die Bevölkerung lebt, ob die Religionsfreiheit auch in der Praxis respektiert wird, wie weit die Sinisierung fortgeschritten ist und welche Perspektiven sich für seine Rückkehr bieten. Letztlich hat das Urteil dieser Delegationen den Dalai Lama einer Heimkehr nicht nähergebracht, und auch die Chinesen haben die Hoffnung aufgegeben, denn sie stellen heute eine unzumutbare Bedingung: Das tibetische Oberhaupt müsse in Peking residieren.

Um den Delegationen in ihrem eigenen Sinne zum Erfolg zu verhelfen, hatten die chinesischen Behörden alles gut geplant und vorbereitet – so glaubten sie wenigstens. Vor dem Eintreffen der Abgesandten an einem bestimmten Ort wurde die Bevölkerung auf öffentlichen Veranstaltungen genau instruiert, wie sie sich zu verhalten habe. Dazu gehörte die Aufforderung, die besten Kleider zu tragen und alles sauber zu halten ebenso wie unverhohlene Einschüchterungen. Wer durch Worte oder Handlungen für die Eigenständigkeit Tibets eintrete, werde nachher bestraft.

Doch die Treue zum Dalai Lama war größer als die Angst vor den Chinesen. Phuntsog Wangyal, Mitglied der zweiten Delegation, berichtete von den Wellen der Begeisterung, die ihnen im ganzen Land entgegenschlugen: „Sobald die Tibeter sie (die Delegierten, d. Vf.) sahen, rannten sie auf sie zu und streckten ihre Hände aus, um sie zu berühren; sie versuchten, Teile ihrer Kleidung oder Haare als Reliquien mitzunehmen. Sie legten sich auf die Straße, um den Jeep der Delegierten zu stoppen, und lagen darum unter dem Wagen, wenn sie haltmachten. Wenn sie die Delegation verpaßt hatten, nahmen sie etwas Erde von der Stelle mit, wo ihr Jeep langgefahren war (...). Die Mitglieder der Delegation wurden nicht nur von alten Leuten umringt, sondern vielfach auch von Jugendlichen. Sogar Kinder von zehn bis zwölf Jahren kamen und überreichten ihnen Blumen. Sie sagten: ‚Möge die Sonne der Lehre Buddhas wieder aufgehen' (...) An vielen Orten existieren geheime Mönchsgemeinschaften, die weiterhin religiöse Dienste durchführen. Junge Leute erhalten die Weihen, sie werden heimlich in ihr Amt eingeführt. Die Existenz eines trotz Überwachung und ständiger Unterdrückung so starken Glaubens war für die Delegierten eine große Überraschung." Die Mitglieder der anderen Delegationen wußten ähnliches zu berichten.

Die Religiosität tibetischer Kader

Die ungebrochene Faszination der Religion schlägt selbst viele einheimische Mitglieder der Kommunistischen Partei in ihren

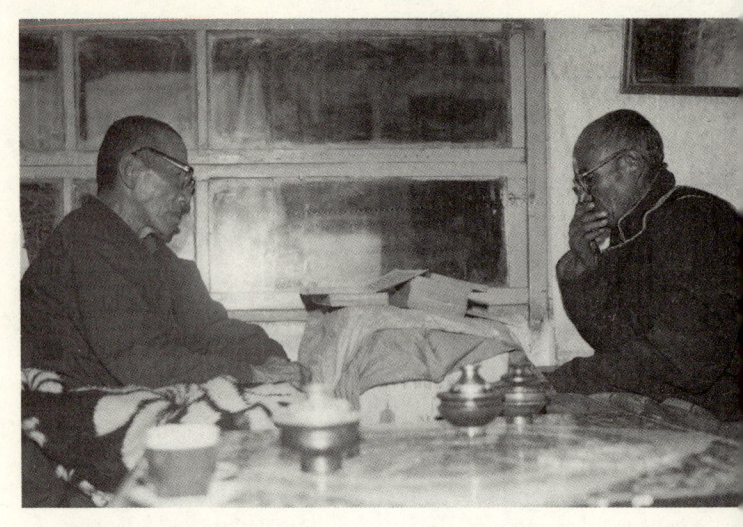

Abb. 6: Zwei alte Mönche rezitieren in einer Privatwohnung aus heiligen buddhistischen Schriften.

Bann. So erhielten die Delegierten des Dalai Lama schon vor ihrer Einreise durch vertrauliche Briefe von tibetischen Funktionären innerhalb der Verwaltung genaue Informationen über die Vorbereitungen und geplanten Manipulationen der Chinesen im Hinblick auf ihren Besuch. Solche Schreiben, die mit großen persönlichen Risiken für die Absender verbunden waren, bilden keine Ausnahme. Offensichtlich arbeiten die meisten Tibeter in der chinesischen Verwaltung und im Parteiapparat aus eher vordergründigen Motiven mit den Chinesen zusammen. Hin und wieder dringen sogar Klagen chinesischer Funktionäre an die Öffentlichkeit, daß tibetische Kader „religiösem Aberglauben" nachgingen, was nichts anderes bedeutet, als daß sie an buddhistischen Praktiken teilnehmen.

Der Zustand der Klöster

Doch all das – die gläubigen Kader, die Treue zum Dalai Lama und die Pilgerströme – sind eher äußere Formen. Wie steht es um die Lehren, das Unterrichten, das Studium der tieferen Philosophie des Buddhismus?

Orte dafür waren die Klöster, von denen 1976 selbst die wenigen unzerstörten zu Vorratsräumen, Ställen, Unterkünften für Soldaten oder anderen Bestimmungen zweckentfremdet waren. Manche standen auch einfach leer. 1979/80 wurden einige wenige – zumeist die großen Klöster der Vergangenheit – wieder ihrer ursprünglichen Bestimmung übergeben. Die Mönche, die Gefangenschaft und Arbeitslager überlebt hatten, machten sich gemeinsam mit vielen freiwilligen Helfern an den Wiederaufbau. Für die Laien konnte auch dies handfeste Nachteile bringen, wie den Verlust des Arbeitsplatzes und der Essensrationen.

Die Statistiken über die Zahl der Mönche zeigen seitdem nur eine langsame Aufwärtsentwicklung. In Drepung leben wieder 600 Mönche, im Gegensatz zu 240 zehn Jahre zuvor. In Sera beträgt ihre heutige Zahl etwa 400. In Atishas Kloster Nethang, einem der wenigen gänzlich unversehrten, leben nur 20 Mönche. Etwas besser steht es um ein anderes Kloster mit alter Tradition, Tsurphu, dem Zentrum der Karmapa-Kagyüpa-Schule. In dem bis auf die Grundmauern niedergerissenen Kloster, das seit 1982 wieder aufgebaut wird, leben heute über 100 Mönche; vor 1959 waren es allerdings 1000. In Tashi Lhunpo, dem Stammsitz des Panchen Lama in Shigatse, beträgt ihre Zahl circa 500. Insgesamt gibt es heute offiziell etwa 3000 Mönche in Tibet.

Seit 1985 dürfen die Klöster wieder Novizen aufnehmen, und der Andrang ist groß. Doch administrative Erlasse sind eine Sache – der Alltag ist eine andere. Und dieser Alltag erklärt auch den auffälligen Gegensatz zwischen der ungebrochenen Religiosität der Bevölkerung und den leeren Gassen, die der Besucher in allen Klöstern antrifft.

In der Praxis sehen sich die Klöster mit zwei großen Problemen konfrontiert: dem Mangel an Lehrern und dem Mangel an einer wirtschaftlichen Basis. Der individuelle Lehrer spielt im tibetischen Buddhismus eine unvergleichlich größere Rolle als in anderen Religionen. Alle wichtigen Missionare hatten ihrerseits große Lehrmeister, die ihnen den Weg zur Erleuchtung vorzeichneten. Solche Lehrer fehlen heute. Die meisten wurden nach 1959 gefangengenommen und starben unter der chinesischen Fron. Verschont blieb nur, wer ins Ausland flüchten konnte. Diese Lehrer haben im Exil neue Gemeinden aufgebaut, und China verweigert nach wie vor ihre Rückkehr nach Tibet.

Neben den Lehrern fehlt den Klöstern die wirtschaftliche Grundlage. Ihre Ländereien wurden enteignet, und die Gläubigen, die früher durch Spenden zur Finanzierung beigetragen haben, sind ebenfalls verarmt. Wenn Klöster ihre Mönche nicht mehr ernähren können, muß deren Zahl gering bleiben. Einige Mönche leben in ihren Familien und gehen einer regelmäßigen Arbeit nach, um leben zu können; so wird der Glaube zur Privatsphäre.

Die großen Klöster erhalten vom Staat einen Zuschuß für den Wiederaufbau, doch steht er in keinem Verhältnis zu den benötigten Mitteln. Es bleibt einmal mehr der tibetischen Bevölkerung überlassen, neben ihrer Arbeitsleistung auch noch einen Teil ihres ohnehin geringen Verdienstes den Klöstern zur Verfügung zu stellen, um damit Orte zu schaffen, an denen die Lehre des Buddhismus weitergegeben werden kann.

Neue Schwierigkeiten

In den neunziger Jahren haben sich die Repressionen gegen Mönche und Nonnen erheblich verschärft, da gerade die Geistlichen häufig in vorderster Linie für Selbstbestimmung demonstrieren. Unter den Opfern der chinesischen Gewalt befinden sich viele jugendliche Nonnen. Im Juni 1993 wurden zum Beispiel 14 Nonnen aus dem Gari-Kloster bei Lhasa inhaftiert, die zwischen 14 Jahre und 24 Jahre alt waren. Nach chinesischem Recht war die Jüngste noch nicht einmal strafmündig. Die jüngste politische Gefangene Tibets war die 12jährige Nonne Sherab Ngawang aus dem Kloster Michungri im Osten von Lhasa. Soldaten verhafteten sie am 3. Februar

1992 bei einer friedlichen Demonstration auf dem Barkhor. Im Februar 1995 wurde sie schwerkrank entlassen, drei Monate später starb sie im Dorf ihrer Eltern, nachdem sie vorher in verschiedenen Krankenhäusern erfolglos behandelt worden war. Die traditionelle Himmelsbestattung, bei der ihr Körper zerstückelt und den Geiern zum Fraß gegeben wurde, brachte an den Tag, daß die junge Frau an den Folgen der Mißhandlungen im Gefängnis gestorben war. Der mit der menschlichen Anatomie gut vertraute Leichenzerstückler erklärte, er habe noch nie einen so jungen Körper in einem so erbärmlichen Zustand gesehen. Sherab Ngawangs Lunge und Nieren waren erheblich zerstört, was auf brutale Schläge oder eine chronische Infektion zurückzuführen ist, die nicht behandelt wurde. Sherab Ngawang hatte den größten Teil der Haft im Umerziehungslager Trisam verbracht. Dort wurde sie nach Angaben von Zeugen häufig mit Elektrostöcken gefoltert. Weil sie „aufsässig" gewesen sei und den Wärtern Grimassen geschnitten habe, sei sie besonders brutal geschlagen worden.

Unter den knapp 600 Gewissensgefangenen Mitte der neunziger Jahre befanden sich 45 Jugendliche. Die meisten waren Mönche oder Nonnen.

Die Behörden der VR China tun sich auch im Alltag zusehends schwerer damit, die allgegenwärtige Religion zu akzeptieren. Ihre Zwangsmaßnahmen treffen alle Tibeterinnen und Tibeter, die in der buddhistischen Tradition stehen. Exemplarisch ist der Umgang mit Portraits des Dalai Lama. Seit der Flucht des tibetischen Oberhauptes ist sein Bild das begehrteste Geschenk für die Menschen. „Dalai Lama picture?" (Haben Sie ein Bild des Dalai Lama?) ist zweifellos die häufigste Frage, die ausländische Besucher zu hören bekommen. Seit 1982 wurden die Bilder unter der Hand verteilt, seit Mitte der achtziger Jahre auf den Marktständen am Barkhor offen angeboten. Bisweilen sah man sogar Tibeter im Dienste der chinesischen Regierung mit Dalai Lama-Anstecker.

Für die Tibeter sind derartige Bilder oder Anstecker alles andere als ein Sammelobjekt – wie etwa wertvolle Briefmarken. Sie sind stattdessen eine bescheidene Möglichkeit, die

Verbundenheit mit dem exilierten Oberhaupt zu demonstrieren. Dies sehen inzwischen auch die chinesischen Behörden so und fühlen sich provoziert. Im Oktober 1994 verboten sie schließlich Dalai Lama-Bilder in der Öffentlichkeit. Da Angst und Einschüchterungen in Lhasa weit verbreitet sich, wird das Verbot weitgehend beachtet. Innerhalb weniger Wochen verschwanden die Dalai Lama-Bilder von den Ständen im Barkhor und anderen öffentlichen Stellen. Nur einige couragierte Frauen und Männer zeigen sie noch in Restaurants oder Läden.

Was die chinesischen Behörden unter Religionsfreiheit verstehen, demonstrierten sie auch bei der Suche nach der neuen Inkarnation des am 28. Januar 1989 verstorbenen Panchen Rinpoche. Frühzeitig hatte das tibetische Oberhaupt seine Kooperationsbereitschaft in dieser rein religiösen Frage signalisiert. China verbat sich jedoch diese „Einmischung" und beauftragte ein offizielles Suchteam mit dem Abt des Klosters Tashi Lhunpo, Chadrel Rinpoche, an der Spitze. Die Gruppe fand schließlich 1995 einen sechsjährigen Jungen aus Lhari im Bezirk Nagchu in Zentraltibet als Wiedergeburt des Panchen Rinpoche. Auch der Dalai Lama ließ sich davon überzeugen und erkannte den Jungen am 14. Mai, dem Geburtstag Buddhas, an. Er gab ihm den Namen Gedun Yeshe Trinley Phuntsog Pal Sangpo. Dies erboste die Chinesen so sehr, daß sie eine eigene Delegation für die Suche nach dem Panchen Rinpoche aufstellten, die im Dezember 1995 einen eigenen Kandidaten präsentierte. „Zufällig" sind dessen Eltern beide seit langem Mitglieder der Kommunistischen Partei. Chadrel Rinpoche wurde verhaftet und in Chengdu verhört, obwohl er sich an die chinesischen Vorgaben gehalten hatte. Er sollte dazu gebracht werden, sich von seinem eigenen Kandidaten zu distanzieren. In Peking weiß man nämlich nur zu gut, daß ein von der Regierung präsentierter Kandidat keine Chance auf Anerkennung bei der Bevölkerung hat, wenn nicht zumindest der mit der Suche beauftragte Abt ihm zustimmt. Chadrel Rinpoche widerstand dem Druck. Von seinem Kandidaten fehlt jedoch Ende 1995 jede Spur.

Ein Ziel hat China schon jetzt erreicht: Der Streit um den Panchen Rinpoche droht die tibetische Gemeinschaft zu spalten.

Die Religiosität auf dem Land

Auf dem Land hat sich die Religiosität offenbar nicht nur in äußeren Ritualen erhalten. Reisende, die der Landessprache mächtig sind, berichten von bemerkenswerten buddhistischen Unterweisungen in Eigeninitiative. Erwachsene, die Lesen können, versammeln nach Feierabend die Kinder eines Dorfes oder auch einer Nomadengruppe um sich und unterrichten sie in der Lehre Buddhas. Dazu gehört das direkte Studium der heiligen Schriften, die von den Heranwachsenden häufig auswendig gelernt werden und so lebendig bleiben. Diese Initiativen ersetzen in vielen ländlichen Gebieten die Schulen, die dort nur wenig verbreitet sind.

Die Landbevölkerung entwickelt auch einen ausgeprägten Pragmatismus bei der Wiederherstellung von Orten der Anbetung und Verehrung. Da ihr die Mittel zur Restauration der zerstörten Kultstätten gänzlich fehlen, behelfen sich die Menschen mit Notlösungen. Auf den Trümmern der Tempel und Klöster entstehen, häufig nur aus ein paar Brettern notdürftig zusammengezimmert, neue Stätten der Andacht.

Ob der tibetische Buddhismus in seiner Substanz die chinesische Anwesenheit überdauern wird, kann heute nicht mit Bestimmtheit vorhergesagt werden. Viele Anzeichen deuten darauf hin, daß es den Chinesen nicht gelingen wird, dem Buddhismus in Tibet den Boden zu entziehen. Zudem gibt es die Exiltibeter, die sich ebenfalls als Bewahrer des buddhistischen Erbes verstehen, die aber noch viel mehr sein wollen als das.

VIII. Hüter der Kultur oder Ewig-Gestrige? – Die Exiltibeter

Eine neue Heimat

Am 18. April 1959, 32 Tage nach Beginn der Flucht, erreichte der Dalai Lama mit seinem Gefolge den indischen Grenzort Tezpur. Die Ankunft auf gesichertem Territorium war angesichts der äußeren Umstände offenbar alles andere als ein Grund zur Euphorie, wie das tibetische Oberhaupt in seiner Biographie „Mein Leben und mein Volk" vermerkt: „Das Überschreiten der Grenze hatte nichts Dramatisches an sich. Das Land war auf beiden Seiten der Grenze gleichermaßen öde und unbewohnt. Ich sah es nur durch einen Nebel, denn ich war krank, erschöpft und unglücklich – viel unglücklicher, als ich es zu sagen vermag."

Ihm folgten in den nächsten Wochen etwa 80 000 weitere Menschen, die der chinesischen Verfolgung entkommen konnten. 1960 erhielten viele von ihnen in dem nordindischen Dorf Dharamsala eine neue Heimat. Auch in den anderen Himalaya-Staaten, Nepal, Sikkim und Bhutan, fanden Tibeter Zuflucht, doch war das häufig nur von vorübergehender Dauer. Aufgrund eigener sozialer Probleme sowie aus Sorge vor dem mächtigen Nachbarn im Norden, mußten viele nach Indien weiterziehen. Heute leben in Indien etwa 90 000 Tibeter, in Nepal 10 000 und in Bhutan 1000; knapp 3000 haben in Europa und Nordamerika Zuflucht gefunden.

Trotz der schwierigen Lage verharrten die Tibeter nicht in Agonie und Verzweiflung, sondern begannen, die wichtigsten Aufgaben für eine Existenz im Exil in Angriff zu nehmen. Dazu gehörten die Mobilisierung der internationalen Öffentlichkeit, der Aufbau einer effektiven Exiladministration, die soziale Betreuung der Flüchtlinge, die Wahrung der eigenen Kultur sowie die Ausbildung der Kinder und Jugendlichen, die zwischen den Anforderungen einer fremden Umgebung und der eigenen Tradition hin und her gerissen waren.

Tibet vor den Vereinten Nationen

Die Mobilisierung effektiver internationaler Unterstützung im Kampf um die Durchsetzung des Völkerrechts gestaltete sich besonders schwierig. Zwar schlug den Tibetern an vielen Orten eine Welle der Sympathie entgegen, doch blieb direkte Hilfe fast immer auf der humanitären Ebene stehen. Politisch engagierten sich nur wenige Staaten für die Sache Tibets. Irland und der malaiische Bund (das heutige Malaysia einschließlich Singapurs, aber ohne die östlichen Bundesstaaten Sarawak und Sabah) beantragten 1959, die Tibetfrage in der Vollversammlung der Vereinten Nationen zu erörtern. Damals vertrat Taiwan anstelle der Volksrepublik die chinesischen Farben in der UNO. Die Tibet-Debatte konnte zwar gegen den heftigen Widerstand der UdSSR durchgesetzt werden, doch mehr als eine unverbindliche Verurteilung des chinesischen Vorgehens sowie ein Appell, die Menschenrechte und das Selbstbestimmungsrecht zu achten, kamen dabei nicht heraus. 1961 und 1965 wurde dieselbe Resolution verabschiedet – erneut ohne erkennbare Auswirkungen auf die chinesische Führung. Seit der internationalen Anerkennung der Volksrepublik China, die mit der Aufnahme in die Vereinten Nationen im Oktober 1971 und dem Peking-Besuch von US-Präsident Nixon im Februar 1972 ihren Durchbruch erhielt, war das Interesse der Politiker an Tibet gänzlich erloschen. Die UN-Vollversammlung behandelte das Thema seit 1965 nicht mehr.

Ein für die Tibeter hoffnungsvoller Wandel vollzog sich am Ende der achtziger Jahre. 1987 stand Tibet erstmals auf der Tagesordnung der UN-Menschenrechtskommission. Dadurch wird deutlich, daß die Tibetfrage kein abgeschlossenes Kapitel ist, als das es die Chinesen und die Politiker, die an guten Beziehungen zu ihnen interessiert sind, gern darstellen.

Seitdem wird jedes Jahr neu debattiert, ob die Situation im chinesischen Machtbereich auf die Tagesordnung der UN-Menschenrechtskommission gesetzt wird. Einige Jahre gelang es der Volksrepublik mit Unterstützung der meisten „Dritte-Welt"-Staaten, eine Behandlung zu verhindern, doch 1995 beschloß die Kommission, über die Menschenrechtsverletzungen in der VR China zu beraten. Dazu hatte die Lobbyarbeit der tibetischen Vertretung in Genf maßgeblich beigetragen. Eine Verurteilung konnte Peking mit einer Stimme Mehrheit verhindern, die erneute Diskussion jedoch wurde von den Tibetern als Erfolg gewertet. Als hilfreich für die internationale Arbeit erwies sich auch die Verleihung des Friedensnobelpreises an den Dalai Lama.

Die Verwaltung der Exilgemeinden

Die Exiltibeter betrachten es als Verpflichtung gegenüber den Zurückgebliebenen, das Werk der sozialen und politischen Erneuerung, das so jäh unterbrochen wurde, fortzusetzen. Wenn heute über Veränderungen innerhalb der tibetischen Gesellschaft spekuliert wird, müssen die Exilgemeinden zur Beurteilung herangezogen werden, denn nur dort war und ist eine Entwicklung ohne direkte Beeinflussung von außen möglich.

Die provisorische Verfassung vom März 1963 war nur ein Schritt auf dem Weg in eine demokratische Gesellschaft. In dem Vorwort zur Verfassung heißt es: „Dieser Verfassungsentwurf soll dem tibetischen Volk neue Hoffnung und eine neue Vorstellung geben, wie Tibet nach Erlangung seiner Unabhängigkeit regiert werden soll (...)". Er soll „dem tibetischen Volk ein demokratisches System sichern, das sich auf Gerechtigkeit und Gleichheit stützt und den kulturellen, religiösen und wirtschaftlichen Fortschritt sicherstellt".

Neben der Verfassung verfügen die Exiltibeter über alle Institutionen, die demokratische Systeme auszeichnen. Dazu gehört ein Parlament mit direkt gewählten Abgeordneten sowie ein siebenköpfiges Kabinett, Kaschak genannt, mit folgenden Aufgabenbereichen: Rat für religiöse und kulturelle Angelegenheiten; Rat für innere Angelegenheiten; Rat für Erziehungs- und Bildungswesen; Rat für Finanz- und Wirtschaftswesen; Rat für Gesundheitswesen; Informationsabteilung; Sicherheitsabteilung. Die jeweiligen Minister werden vom Dalai Lama ernannt. Neben dem Parlament und dem Kabinett gibt es das „nationale Arbeitskomitee", dem außer den Abgeordneten und Ministern noch hohe Verwaltungsbeamte angehören. Dieses Gremium trifft sich monatlich und fällt wichtige Entscheidungen.

Alle zwei Jahre findet eine Nationalversammlung der Exiltibeter statt, zu der neben den Genannten die religiösen Oberhäupter der vier großen Schulen und der Bön-Religion kommen. Zudem sind Vertreter der Exilgemeinden aus anderen Teilen Asiens, Europas und den USA anwesend. Die Nationalversammlung prüft die zurückliegenden Tätigkeiten und legt die Richtlinien der Politik fest.

Die Exilregierung unterhält Vertretungen in New Delhi, Katmandu, Tokio, London, Paris, Genf, New York, Washington, Budapest, Moskau und Canberra.

Einige der angeführten Institutionen – so das Parlament – sind neue Erscheinungen in der tibetischen Gesellschaft und damit ein Ergebnis der Reformfreudigkeit des amtierenden Dalai Lama. Aufgrund dieser modernen Strukturen ist es den Tibetern möglich, ihre Belange in großen Teilen der Welt zu vertreten und der chinesischen Übermacht zumindest diplomatisch zu begegnen, auch wenn das nicht immer von Erfolg gekrönt ist.

Die soziale Situation

Viele Flüchtlinge hatten zunächst andere Sorgen als eine Demokratisierung ihrer gesellschaftlichen Strukturen. Hunger, fehlende Unterkünfte, mangelnde medizinische Versorgung und ähnliche sehr existentielle Probleme bedrückten diese

Menschen. Doch den Tibetern blieb – im Gegensatz zu manchen anderen Flüchtlingsgruppen – auf die Dauer ein Leben in provisorischen Lagern erspart. Eine internationale Welle der Hilfsbereitschaft ermöglichte die rasche Überwindung der materiellen Not in den großen und bekannten Lagern. Aus Europa trafen Lieferungen mit Kleidung, Schuhen, Medikamenten, Lebensmitteln und Decken ein.

Die Flüchtlinge in den Lagern von Sikkim, Bhutan oder abgelegenen Teilen Ladakhs, wo immerhin zehn Lager entstanden, waren zunächst weniger glücklich. Bis in die siebziger Jahre hinein lebten sie unter erbärmlichen Bedingungen in provisorischen Unterkünften. Erst als einzelne Ärzte, häufig genug aus eigenem Antrieb, die abgelegenen Lager erreichten und Alarm schlugen, floß die internationale Unterstützung auch zu diesen Flüchtlingen. Die Schweizer Tibethilfe und bekannte Hilfsorganisationen wie das französische Ärztekomitee Médecins Sans Frontières, die sonst eher auf Kriegsschauplätzen anzutreffen sind, eröffneten gemeinsam mit anderen Institutionen wirkungsvolle Projekte zur Überwindung der Not. Besonders aktiv unter den tibetischen Flüchtlingen ist die SOS-Kinderdorf-Bewegung. Ihr Partner ist die Schwester des Dalai Lama, Jetsun Pema Gyalpo, deren besondere Aufmerksamkeit der Ausbildung der Kinder und Jugendlichen gilt.

In Nordindien, insbesondere dem traditionell von der tibetischen Kultur geprägten Ladakh, ist es ungeachtet aller materiellen Schwierigkeiten erheblich leichter, das eigene Erbe zu bewahren. In den SOS-Kinderdörfern arbeiten tibetische Kindergärtner, Lehrer und Geistliche; die gesamte Umgebung unterscheidet sich nicht wesentlich von der Heimat.

Im Unterricht wird der Einheit von Religion und Politik große Bedeutung beigemessen; Ethik gehört zu den wichtigsten Fächern. Auch darin spiegelt sich die lange Tradition der Tibeter wider, die eine Trennung von Religion und Politik, wie sie von vielen Politikern in Europa propagiert wird, nur schwer nachvollziehen können.

Materiell hat sich in den vergangenen Jahren vieles verbessert. Die Mehrzahl der Tibeter lebt nicht länger von Hilfsgütern und Almosen aus Übersee, sondern hat sich selbst eine eigene Existenz geschaffen. Landwirtschaft und Kunsthandwerk bilden die Säulen der exiltibetischen Wirtschaft. Um die Voraussetzungen für die Eigenständigkeit zu schaffen, haben die indischen Behörden agrarische Nutzfläche im Norden wie im äußersten Süden zur Verfügung gestellt und Ausbildungskurse in handwerklichen Tätigkeiten angeboten.

Die berühmten tibetischen Teppiche, von denen kaum einer aus dem eigentlichen Tibet stammt, selbst wenn sie in Lhasa angeboten werden, erfreuen sich bis nach Europa und den USA großer Beliebtheit. Wer nicht für den Export produziert, gelangt als Straßenhändler zu bescheidenem Wohlstand. Kunsthandwerk, gewebte Decken, Mützen und Wollpullover finden in den Bergregionen immer Anklang.

Wer nicht als Bauer, Handwerker oder Händler sein Geld verdienen kann, arbeitet häufig als Gelegenheitsarbeiter beim Straßenbau, was ein sehr schwerer und entsprechend unbeliebter Broterwerb ist. Besonders tüchtige Exiltibeter haben sich mit eigenen Restaurants eine Basis aufgebaut.

Der wirtschaftliche Erfolg hat die Tibeter jedoch auch Opfer von Sozialneid werden lassen. Anlaß dazu bot eine Messerstecherei am 23. April 1994 zwischen einem jungen Inder und einem Tibeter, bei der der Inder getötet und der Tibeter schwer verletzt wurde. Daraufhin stürmte eine von radikalen Hindu-Agitatoren aufgehetzte Menge die Geschäfte, Hotels und Restaurants im tibetischen Stadtteil McLeod Ganj von Dharamsala. Ungezählte Geschäfte wurden zerstört, große Gebetsmühlen aus ihren Verankerungen gerissen, Gebäude in Brand gesteckt und nahezu alle Fensterscheiben tibetischer Häuser eingeworfen. Einzelne Tibeter, die auf den Straßen auftauchten, konnten nur mit Mühe von Touristen vor dem Mob gerettet werden. Das alles geschah unter den Augen indischer Polizeieinheiten. Der Schock saß so tief, daß Gerüchte die Runde machten, die Exilregierung wolle ihr Hauptquartier in Großstädten wie Bangalore oder Delhi aufschlagen. Das steht inzwischen nicht mehr zur Diskussion. Ebenso haben sich schließlich die indischen Behörden und Geschäftsleute hinter die Tibeter gestellt, da bei deren Weggang der Region eine wichtige Einnahmequelle verlorenginge.

Tibeter in Europa

Je weiter weg vom Himalaya, desto schwieriger die Bemühungen um den Erhalt des kulturellen Erbes. In der südindischen Hochebene entstanden in den sechziger Jahren tibetisch-buddhistische Enklaven; einige tausend Tibeter wurden auf den europäischen und nordamerikanischen Kontinent verteilt. Dabei handelte es sich häufig um Kinder oder Jugendliche, die ohne starke Familienbande waren, oder die ihre Eltern verloren hatten.

Ihre Ansiedlung in Kinderdörfern, entfernt von der Heimat, galt als Maßnahme zum Abbau der sozialen Mißstände in den Flüchtlingslagern zu Beginn der sechziger Jahre. Es war jedoch allein die Schweiz, die sich bereit erklärte, ein größeres Kontingent Tibeter aufzunehmen. So leben heute in dem Alpenland etwa 2000 Tibeter. Für sie erscheint sozialer Aufstieg oft nur um den Preis der Anpassung an die Gebräuche des Gastlandes möglich. Das Verhältnis zwischen den neuen Anforderungen und der alten Tradition gestaltet sich immer als Gratwanderung, für die es keine Patentlösung gibt. Bisweilen führt die Anpassung zu grotesken Konsequenzen, wie Gyaltsen Gyaltag, ein in der Schweiz lebender Tibeter, der Bücher zur eigenen Geschichte veröffentlicht hat, in einem Interview mit der Zeitschrift „Tibet Forum" ausführt: „Ich bedaure es sehr, daß sie (die Tibeter, d. Vf.) untereinander sehr viel Schweizerdeutsch sprechen. Die Sprache war schon immer ein Problem für uns, denn das Hauptkommunikationsmittel sollte Tibetisch sein. Aber von Anfang an hatten wir damit Schwierigkeiten, da viele tibetische Kinder, die in Schweizer Familien aufwuchsen, sich dann ausgeschlossen fühlten. Heute ist die Tendenz groß, nur Deutsch zu sprechen. – Im letzten November war ich in Bylakuppe in Südindien, als eines Tages ein junger Mann zu mir kam und sagte, daß sein jüngerer Bruder aus der Schweiz ihn gerade besuchte, und ob ich nicht so nett wäre und in zwei Tagen einmal zu ihnen käme – der Bruder sprach weder Tibetisch noch Englisch und sie benötigten einen Dolmetscher. Es war eine recht traurige Situation. Die ganze Familie war versammelt, als der Junge aus der Schweiz kam, und Vater und Mutter weinten, daß sie sich mit ihrem Sohn durch einen Übersetzer unterhalten mußten. Das ging mir nicht das erste Mal so. Es sind schon sehr traurige Situationen." Die Regel ist dies sicher nicht, denn gleichzeitig gibt es starke kulturelle Vereinigungen, politische Verbände, ein wissenschaftliches Institut und buddhistische Zentren in den Gemeinden der Exiltibeter.

Tibeter in Deutschland nicht gefragt?

In Deutschland ist es eher unwahrscheinlich, auf der Straße einem Exiltibeter zu begegnen. Trotz der weitverbreiteten Faszination Tibet (sowie dem damals aufkommenden Ruf nach Gastarbeitern), hat sich die Regierung Adenauer in den sechziger Jahren geweigert, tibetische Kontingentflüchtlinge aufzunehmen.

Nach einer Bestandsaufnahme des Vereins der Tibeter in Deutschland leben in der Bundesrepublik knapp 100 Tibeter; weniger als ein Promille von einem Promille der Gesamtbevölkerung. Die meisten von ihnen haben sich im Raum Köln/Bonn niedergelassen. Diese geringe Zahl ist typisch für Westeuropa, denn von der Schweiz abgesehen verzeichnet nur noch Großbritannien mit 90 Tibetern einen höheren Anteil. In Frankreich, den Benelux-Staaten und Skandinavien haben noch weniger Tibeter eine neue Heimat gefunden.

Das Bildungsniveau der hiesigen Tibeter ist sehr hoch, die Integration nach außen hin gelungen; soziale Probleme, die andere Exilgemeinden häufig kennzeichnen, bleiben den Tibetern erspart. Das signalisiert jedoch keine bedingungslose Anpassung an die westeuropäische Kultur und eine Aufgabe der eigenen Identität. In den kleinen Gemeinden ist die Tradition nach wie vor außerordentlich lebendig. Das reicht von äußeren Erscheinungen wie dem Buttertee bis hin zum Einsatz für ein unabhängiges Tibet.

Sprachrohr der bundesdeutschen Exiltibeter ist der 1979 gegründete Verein der Tibeter in Deutschland, der mit Kulturveranstaltungen, Vorträgen, Seminaren, aber auch mit öffentlichen Kundgebungen und Demonstrationen für die Sache Tibets wirbt. Solche Ereignisse dokumentieren denn auch eindrucksvoll die enge Verbundenheit gerade vieler junger Tibeter mit der Heimat. Wenn der Verein der Tibeter in Deutschland ruft, ertönt selbst aus der Schweiz ein Echo. Hunderte von Schweizer Tibetern kamen zum Beispiel am 10. Oktober 1987 mit einem eindrucksvollen Buskonvoi nach Bonn zu einer Demonstration mit anschließender Kundgebung gegen das harte Vorgehen der chinesischen Truppen in Lhasa.

Bundesdeutsche Hilfe für Tibet

Die vielfältigen Aktivitäten der Tibeter wären ohne die tatkräftige Unterstützung deutscher Freunde kaum denkbar. Als völkerverbindende Vereinigung existiert sei 1982 die Deutsch-Tibetische Kulturgesellschaft, deren Engagement über den unmittelbar kulturellen Bereich hinausgeht. Viele Mitglieder unterstützen die Tibeter mit Rat und Tat auch bei politischen Veranstaltungen. Das Organ des Vereins der Tibeter in Deutschland, die Zeitschrift „Tibet Forum", wird ebenfalls als Gemeinschaftsproduktion von Tibetern und deutschen Freunden erstellt. Es erscheint seit 1982 dreimal im Jahr mit Hintergrundberichten sowie aktuellen Reportagen, und sein hohes Niveau hat es weit über den Kreis der Tibetinteressierten hinaus zu einer unentbehrlichen Lektüre für alle gemacht, die sich mit Zentralasien befassen.

Für die politische Tibetarbeit gründeten Exiltibeter und ihre Freunde 1989 die Tibet Initiative Deutschland (TID), in deren Vorstand immer ein Delegierter des Vereins der Tibeter in

Deutschland vertreten ist. Die TID unterhält ihre Geschäftsstelle im Asienhaus in Essen. Sie verbreitet authentische und aktuelle Informationen über die Lage in Tibet, initiiert Kampagnen für die Völker- und Menschenrechte und versucht Einfluß auf die Bonner China-Politik auszuüben. Die TID versteht sich als parteipolitisch und religiös unabhängig und finanziert sich weitgehend aus Mitgliedsbeiträgen und Spenden. Ihr Informationsblatt „TID-Aktuell" erscheint regelmäßig.

Daneben gibt es bundesdeutsche Initiativen, die im sozialen Bereich für die tibetischen Flüchtlinge in Asien aktiv sind. Hervorzuheben ist die 1963 in Hamburg ins Leben gerufene Deutsche Tibethilfe, die heute ihren Sitz in München hat. Sie vermittelt Patenschaften, um tibetischen Kindern eine Ausbildung zu ermöglichen, und sammelt Geld- sowie Sachspenden für die Flüchtlingsgemeinden in Nordindien und Nepal.

Schließlich gibt es in der Bundesrepublik noch mehrere tibetisch-buddhistische Zentren, in denen tibetische Lehrer in spiritueller Unterweisung tätig sind. Jahrelang dokumentierten viele deutsche Angehörige dieser Zentren ein geradezu erschreckendes Desinteresse an der politischen Situation in Tibet. Inzwischen ist in einigen Zentren ein erfreulicher Wandel eingetreten. Eine wachsende Zahl der deutschen Buddhisten löst sich von der strikten Trennung des religiösen und politischen Bereiches und erkennt beides als Einheit. Sie beteiligen sich deshalb an Demonstrationen und Kundgebungen oder treten auf andere Art für die Menschen- und Völkerrechte Tibets ein.

Die Zahl derer, die in Europa dem tibetischen Buddhismus und der buddhistischen Kultur anhängen und einen tibetischen Lehrer gefunden haben, wird von denjenigen weit übertroffen, die selbst nach Tibet aufbrechen. Was früher das Privileg einiger verwegener Abenteurer war, ist inzwischen dabei, zum Massenereignis zu werden, das Tibeter wie Chinesen aus unterschiedlichen Gründen mit gemischten Gefühlen betrachten.

IX. Vom intoleranten Gottesmann zum Pauschaltouristen – Tibet und die Fremden

Gerüchte und Mythen

Lange bevor die ersten Europäer ihren Fuß nach Zentralasien und Tibet gesetzt hatten, drangen Gerüchte über diese Region in die sogenannte „Erste Welt". Bereits der griechische Geschichtsschreiber Herodot berichtete im 5. vorchristlichen Jahrhundert von einem „wüsten Land nördlich von Indien". Im Hochmittelalter erhielten die Gerüchte neue Nahrung, doch waren sie eher ein Produkt der eigenen Phantasie und ihrer Wunschvorstellungen. Sie wurden vor allem vom legendären Christenkönig Priester Johannes angeregt, der ein Nachfolger von Nestorius, dem Patriarchen von Konstantinopel aus dem 5. Jahrhundert gewesen sein soll. Nestorius war im christologischen Streit um die Natur Jesu dem Patriarchen von Alexandrien unterlegen, der Papst Leo I. auf seine Seite ziehen konnte. Auf dem Konzil von Ephesus 431 wurde Nestorius als Häretiker (Irrlehrer) verurteilt. Vor der Verfolgung durch die herrschende Lehre flohen seine Anhänger, die Nestorianer, ostwärts Richtung Asien, wo sie kleine Gemeinden gründeten. Der König Priester Johannes soll diese Gemeinden im 12. Jahrhundert zu einem mächtigen Reich vereint haben. Seine Gestalt gab den abendländischen Christen im Zeitalter der Kreuzzüge Hoffnung im Kampf gegen die Araber und lockte Missionare nach Asien, die sein Imperium ausfindig machen wollten. Auch sagenhafte Reichtümer, Gold und Edelsteine warteten dort angeblich auf ihre Entdecker.

Der erste Europäer, der einen authentischen, aber von seinen Zeitgenossen kaum ernstgenommenen Reisebericht über Zentralasien veröffentlichte, war indes kein Missionar, sondern der venezianische Kaufmann Marco Polo, der mit Vater und Onkel 1275 am Hof des Mongolenherrschers Kublai Khan eintraf. Er blieb siebzehn Jahre in dessen Reich und besuchte große Teile Chinas und der Mongolei. Tibet erreichte er nie, und seine spärlichen Berichte über dieses Land entsprangen der Phantasie seiner Informanten.

Bis zum ersten als authentisch angesehenen Reisebericht über Tibet dauerte es noch ein halbes Jahrhundert. Der italienische Franziskaner Oderich von Pordenone reiste 1314 zum Mongolenhof, wo er sich mehrere Jahre aufhielt. Auf dem Rückweg will er durch Tibet einschließlich der Hauptstadt Lhasa gekommen sein. Die spätere Forschung fand jedoch heraus, daß sein Bericht über Lhasa ebenfalls auf mongolischen Erzählungen basierte. Möglicherweise hat er 1325 auf dem Rückweg nach Europa, wo er 1328 eintraf, Westtibet durchquert.

Erste Missionsbemühungen

Weitere 300 Jahre vergingen, bis die ersten Europäer tatsächlich nach Zentraltibet gelangten. Es waren zunächst Jesuiten und Kapuziner-Padres, die dort Fuß zu fassen versuchten.

Im 17. Jahrhundert war die Missionierung Chinas und Zentralasiens ein besonderes Anliegen des Papstes in Rom. Die Qing-Kaiser übten zu Beginn ihrer Herrschaft in religiösen Fragen eine große Toleranz aus und waren zudem an europäischen Gelehrten und Künstlern interessiert. Dies kam dem Papst im fernen Rom bei seinen Missionsambitionen entgegen.

Die Missionierung Tibets lag dabei scheinbar am Weg; doch der Papst sollte sich täuschen. Die Tibeter zeigten keine Bereitschaft, das Christentum anzunehmen. 1625 erreicht eine Bruderschaft unter dem portugiesischen Jesuiten Antonio de Andrade Westtibet, wo sie 1630 eine Missionsstation errichtete. 1627 zogen zwei der Brüder, Estevao Cacella und João Cabral, weiter nach Shigatse, um dort ebenfalls eine Station aufzubauen. Bereits 1635 mußten die Jesuiten ihr Bekehrungswerk jedoch einstellen.

Zwei Jesuiten, die ersten Europäer in Lhasa

Am 6. Oktober 1661 betraten erstmals zwei Europäer, die Jesuiten Johan Grueber aus Österreich und Albert d'Orville aus Belgien, die tibetische Hauptstadt. Gruebers Mission hatte im Frühjahr des Jahres 1656 begonnen. Gemeinsam mit seinem Landsmann und Ordensbruder Bernhard Diestel verfolgte er damit nicht nur religiöse Ziele, sondern auch handfeste wirtschaftliche Interessen. Angesichts einer wachsenden Bedrohung durch Piraten und Seekriege suchte die Kurie einen sicheren Landweg nach China für Handelskarawanen und Missionszüge. 1659 trafen beide in Peking ein, doch hatten sie einen Teil des Weges zu Wasser zurückgelegt. In Peking genossen sie hohes Ansehen und weitgehende Bewegungsfreiheit. Grueber erwies sich als aufmerksamer Beobachter der Sitten und Gebräuche, doch versperrte ihm seine christlich-abendländische Sichtweise ein tieferes Verständnis für die fremden Kulturen. Sicher war er damit nur ein Kind seiner Zeit, die – mehr als ein Jahrhundert vor der Aufklärung – davon überzeugt war, den alleinseligmachenden Glauben zu besitzen und ihn aller Welt bringen zu müssen.

Gruebers Begleiter Diestel starb am 13. September 1660, und so mußte sich der Kirchenmann für die Rückreise einen neuen Gefährten suchen. Er fand ihn in dem Belgier Albert d'Orville. Ein christianisierter Chinese, dessen Name mit Diener Matthäus überliefert ist, vervollständigte die kleine Gruppe, die am 13. April 1661 aufbrach, um über Land nach Europa zurückzukehren. Ihr Weg führte über Xining zum See Kokonoor, wo sie den tibetischen Kulturkreis erreichten. Anschließend durchquerten sie die Provinz Amdo und machten schließlich im Kloster Reting Rast, bevor sie das letzte Hindernis, den Transhimalaya, gemeinsam mit einer Yak-Karawane hinter sich brachten. Am 6. Oktober erreichten sie dann Lhasa.

Über die Strecke von Kokonoor bis Lhasa berichtete Grueber eher unpathetisch in einem Brief an den Jesuiten Johann Gamans in Aschaffenburg: „Von dort überquerte ich dann in drei Monaten das so sehr verlassene Land der Tataren (Eine geläufige Bezeichnung der nicht-chinesischen Völker in Zentralasien. Gemeint ist hier Amdo. D. Vf.), in dem uns während dieser ganzen Zeit nicht nur kein Mensch, sondern nicht einmal ein kleiner Vogel begegnete, außer wilden Tieren, wie Bär, Löwe, Tiger oder Waldbüffel. Was das für ein Weg war, den wir nahmen, weiß nur Gott." Die kleine Gruppe blieb einen Monat in Lhasa, wo gerade der fünfte Dalai Lama die Herrschaft der Gelben Kirche etabliert hatte. Den „Großen Fünften" selbst bekamen die Missionare allerdings nicht zu Gesicht.

Trotz seiner guten Beobachtungsgabe war Grueber einmal mehr nicht in der Lage, der fremden Kultur auch nur das geringste Verständnis entgegenzubringen. Im Gegenteil: was er sah, war für ihn Anlaß zu großer Besorgnis: „Ich sage nur soviel, daß dort der Teufel so sehr der Katholischen Kirche nacheifert, daß sie, auch wenn noch kein Europäer oder Christ jemals dort war, dennoch so sehr in allen wichtigen Dingen die Römische Kirche nachahmen: die heilige Messe mit Brot und Wein feiern, die letzte Ölung geben, die Ehe weihen, für die Kranken beten, Prozessionen veranstalten, die Reliquien verehren, Klöster für Mönche ebenso wie für Nonnen haben, im Chor nach der Sitte unserer Gläubigen singen, im Jahr öfters fasten (...)."

Die Unterscheidung der augenscheinlichen Parallelen zwischen dem buddhistischen und dem römisch-katholischen Ritus ging über den Horizont der gebildeten Gottesmänner hinaus. Solche Gemeinsamkeiten konnten nur das Werk des Teufels sein, um die Menschen irrezuführen und vom einzig seligmachenden Glauben fernzuhalten. So verließen Grueber und d'Orville Lhasa denn auch „mit großer Trauer über die Blindheit dieser Menschen erfüllt".

Von dem „religiösen Aberglauben" abgesehen, haben die Tibeter die europäischen Padres nicht sonderlich beeindruckt. Die Darstellungen Gruebers wiesen alles andere als ein Kulturvolk aus: „Diese Nation ist übrigens sehr schmutzig, weder Männer noch Frauen haben ein Hemd, sie schlafen ohne Bett auf dem Boden, essen rohes Fleisch und waschen sich niemals die Hände oder das Gesicht; ansonsten sind sie sehr zugänglich und menschenfreundlich." Kein Schauermärchen erschien ihm zu dick aufgetragen: „Einem Knaben soll die Macht gegeben sein, an gewissen Tagen des Jahres jeden Menschen, der ihm in die Quere kommt, zu töten. Er bezeichnet diesen Töter als von einem Dämon besessen."

Sofern es sich nicht um die Menschen und ihre Sitten handelte, sondern um Baudenkmäler und andere Zeichen der materiellen Kultur, erwies sich Grueber als erheblich aufgeschlossener. So fertigte er eine Zeichnung des im Bau befindlichen Potala-Palastes an, die bis zum Ende des 19. Jahrhunderts das einzige Bild dieses monumentalen Gebäudes für Europa blieb. Auch andere Statuen und Denkmäler überlieferte der österreichische Pater auf Skizzen der Nachwelt. Seine Aufzeichnungen wurden in Europa von dem Universalgelehrten Athanasius Kirchner und dem Schriftsteller Melchisedech Thevenot publiziert und verbreitet.

Nach einem Monat, am 6. November 1661, schlossen sich die Jesuiten einer Karawane an, die im Winter über den Himalaya nach Indien zog. Am 31. März 1662 erreichten sie schließlich Agra, das vorläufige Ziel ihrer Reise. Nur acht Tage später starb Albert d'Orville, ausgezehrt von den zurückliegenden Strapazen. Johan Grueber und Diener Matthäus trafen 1664 in Rom ein. Sie hatten die gesamte Strecke von Peking auf dem Landweg hinter sich gebracht. Dennoch blieb diese Tat für die weitere Politik der Kurie ohne große Bedeutung, denn die Kriege gegen das Osmanische Reich machten den Landweg nach China genauso unsicher wie den Seeweg. Zudem intervenierte die katholische Seemacht Portugal in Rom, die durch derartige Unternehmungen um ihren Einfluß fürchtete.

Johan Grueber, der erste Europäer in Lhasa, starb am 30. September 1680 als Militärgeistlicher in Ungarn; Pläne für eine weitere Chinareise konnte er nicht verwirklichen. Die Charakterisierungen seiner Person weisen bemerkenswerte Unterschiede auf. Peter Hannes Lehmann nennt ihn einen „fanatischen Missionar". Der Schriftsteller Franz Braumann, der die Aufzeichnungen der großen Reise in dem Buch „Als Kundschafter des Papstes nach China" herausgegeben hat, attestiert ihm dagegen: „Selbst ein sehr höflicher und zuvorkommender Begleiter, wie aus allen seinen Begegnungen schon seit der Abreise aus Europa und aus seinen Briefen hervorgeht, hatte Grueber nie erlebt, daß ihm Ablehnung oder gar Feindschaft entgegengebracht worden wären (...). Seine Zeitgenossen schilderten ihn als einen Mann mit außerordentlicher Bildung und Energie, mit offenem freundlichem Gemüt und charmanten Umgangsformen."

Rivalisierende Orden

Nach Grueber waren Kapuziner-Mönche 1707 die nächsten Europäer in Lhasa. Sie eröffneten dort auch eine Missionsstation. 1716 folgten die Jesuiten Ippolito Desideri und Manoel Freye. Desideri blieb bis 1721, erlebte die Dsungarenherrschaft und entwickelte ein außerordentliches Verständnis für die tibetische Kultur. Doch statt Kooperation oder zumindest gegenseitiger Achtung bestimmten bald Mißtrauen und Rivalität das Verhältnis zwischen den Vertretern der beiden Orden. Die Kapuziner, die einfache Bettelmönche waren, bezichtigten die gebildeteren Jesuiten eines zu großen Verständnisses für die tibetische und die chinesische Kultur. In China entzündete sich der Streit an der Ahnenverehrung, die von den Kapuzinern als Götzendienst verurteilt und bekämpft wurde, während sich die Jesuiten toleranter zeigten. Zwar gab es in Tibet eine solche Tradition nicht, doch mißdeuteten die Kapuziner viele der tibetischen Praktiken. Sie betrieben deshalb die Abberufung von Desideri, der 1721 schließlich vom Papst stattgegeben wurde. Dennoch gilt Desideri als Vater der Tibetforschung. Die Kapuziner konnten sich ihres Sieges nicht lange erfreuen. 1745 mußten sie ihre Missionsstation schließen und das Land verlassen, ohne irgendwelche Spuren zu hinterlassen.

Britisches Handelsinteresse

Im 18. Jahrhundert fanden erstmals Reisende, die keine Kirchenmänner waren, den Weg nach Lhasa. Quellen berichten von einem unbekannten Franzosen, der dort 1717 eingetroffen sein soll. 1731 folgte der holländische Abenteurer Samuel van de Putte, der auf eigene Faust von Europa nach Tibet reiste. Von seinen Erlebnissen und Entdeckungen ist nur wenig überliefert, denn er vernichtete seine Tagebücher kurz vor seinem Tod 1745.

Im ausgehenden 18. Jahrhundert gab es nur noch eine Macht, die Kontakte zu Tibet unterhalten konnte: Die englische Krone, oder genauer, die Ostindische Kompanie, die für die Krone den Handel abwickelte. Somit ging es den Engländern denn auch nicht um den Glauben, sondern um den Handel. Jahrhundertelang hatte es zwischen Tibet und Bengalen mit der Metropole Kalkutta, wo die Ostindische Kompanie saß, rege Handelsbeziehungen gegeben. Mit der im frühen 18. Jahrhundert einsetzenden Orientierung Tibets nach China waren diese allmählich zum Erliegen gekommen. Der englische Gouverneur Warren Hastings wollte an die Tradition anknüpfen und hoffte dabei auf den Panchen Rinpoche in Shigatse. Ein Krieg zwischen den Engländern und Bhutan führte schließlich zur direkten Kontaktaufnahme. Der Panchen Rinpoche verwandte sich für den Fürsten von Bhutan und bewegte die Kolonialmacht zum Abzug ihrer Truppen. Dafür erwartete Hastings ein Entgegenkommen in den Handelsbeziehungen. Der zweitwichtigste Mann Tibets zeigte sich durchaus zugänglich, und so brachen zwei britische Gesandte, der schottische Kolonialbeamte George Bogle und der Arzt Alexander Hamilton, im Mai 1774 nach Shigatse auf. Am 8. November trafen sie den Panchen Rinpoche im südtibetischen Ort Desheripgay, wo er wegen einer Blatternepidemie Zuflucht gesucht hatte. Einen Monat später zog der Herrscher von Shigatse mit seinem Gefolge einschließlich der britischen Gäste zurück in sein Kloster Tashi Lhunpo.

Ihren eigentlichen Auftrag konnten Bogle und Hamilton nicht erfüllen. Obwohl der Panchen Rinpoche dem Anliegen der Gesandten positiv gegenüberstand, hatte er nicht die Macht, derartige außenwirtschaftliche Entscheidungen zu fällen. Die herrschenden Chinesen wachten eifersüchtig über alle

Kontakte der Tibeter mit dem Ausland, und gegen die Ambane in Lhasa konnte er sich nicht durchsetzen.

Forschung statt Handel

Dennoch war die Mission der Briten unter anderen Gesichtspunkten ein großer Erfolg. Insbesondere George Bogle entwickelte zum Panchen Rinpoche und seiner Umgebung ein enges freundschaftliches Verhältnis. Er heiratete sogar eine seiner Schwestern, die ihn bei der Rückkehr nach Kalkutta im April 1775 begleitete. Aus der Ehe gingen zwei Mädchen hervor, die später in Schottland erzogen wurden.

Bogle und Hamilton unternahmen mit ihren neuen Freunden ausgedehnte Reisen in die Umgebung der Stadt. Die dabei angefertigten Aufzeichnungen bildeten eine wichtige Quelle für nachfolgende Tibetforscher. Der schottische Beamte interessierte sich nicht nur für die Kultur und Baudenkmäler, sondern auch für die Natur und alltägliche Gebrauchsgegenstände der Bevölkerung. Da Bogle Tibet nicht aus der Brille eines um die Verbreitung des rechten Glaubens besorgten Missionars sah, waren seine Berichte von viel Sympathie, Sensibilität und Liebe zum Detail gekennzeichnet. Beim Abschied beschlich ihn offenbar eine Ahnung von den drohenden Gefahren für das Land: „Lebe wohl, du ehrliches und einfaches Volk. Mögest du lange das Glück genießen, das zivilisierten Nationen verweigert ist, und, während sie in ruheloser Jagd begriffen sind, die Geiz und Ehrgeiz ihnen auferlegen, fortfahren, durch deine kahlen Berge geschützt, in Frieden und Zufriedenheit zu leben und keine anderen Bedürfnisse als die der Natur zu kennen."

Chinesische Intrigen

Bogle und die Ostindische Kompanie hatten eine Rückkehr nach Tibet fest ins Auge gefaßt, doch die Umstände ließen sie nicht mehr zu. Bei Bekanntwerden der Kontakte zwischen dem Panchen Rinpoche und Bogle zitierte der Kaiserhof in Peking den tibetischen Würdenträger wiederholt zu sich. Nichts Gutes ahnend versuchte der Panchen Rinpoche die Einladung immer wieder hinauszuzögern. Im Juli 1779 konnte er sich dem Drängen der mächtigen Herrscher nicht länger entziehen. Im folgenden Frühjahr traf er in Peking ein, nachdem er den Winter im osttibetischen Kloster Kumbum verbracht hatte. Ein halbes Jahr später starb er in Peking – offiziell an Blattern, doch sind viele Tibetforscher, darunter Sven Hedin, überzeugt, daß er vergiftet wurde, um den Kontakten mit den Engländern ein Ende zu bereiten. George Bogle starb nicht einmal fünf Monate später am 3. April 1781 in Kalkutta, ohne Tibet jemals wiedergesehen zu haben.

Trotz der Rückschläge gab Warren Hastings seine Pläne zur Eröffnung von Handelsbeziehungen zwischen Tibet und Bengalen nicht auf. Im Januar 1783 brach eine dreiköpfige Delegation, bestehend aus den Kolonialbeamten Samuel Turner und Samuel Davis sowie dem Arzt Robert Saunders, nach Shigatse auf, um mit der achtzehn Monate alten Reinkarnation des Panchen Rinpoche und den wichtigen Würdenträgern zu konferieren. Doch auch dieser Gesandtschaft war letztlich kein Erfolg beschieden, und mit der Ablösung Warren Hastings als Gouverneur im Jahre 1785 erlosch das Interesse der Kolonialmacht an Tibet.

Es dauerte bis 1811, bis sich der Arzt Dr. Thomas Manning nach Tibet aufmachte und als erster Brite Lhasa erreichte. Manning, der als Exzentriker und Einzelgänger beschrieben wird, reiste ohne offiziellen Auftrag auf eigene Faust.

Zu Beginn des 19. Jahrhunderts besuchte der erste moderne Tibetologe den tibetischen Kulturkreis. Es war der 1784 geborene Ungar Alexander Csoma von Körös. Von 1815 bis 1818 hatte er in Göttingen Orientalistik sowie arabische und persische Sprachen studiert. Als er im Herbst 1819 nach Zentralasien aufbrach, sprach er bereits zwölf Sprachen. Er gelangte auf seiner Reise bis Leh, der Hauptstadt von Ladakh. Da seine Ersparnisse dort aufgebraucht waren, stellte er sich in den

Dienst der britischen Ostindischen Kompanie und begann mit der Erarbeitung eines tibetisch-englischen Wörterbuchs. Mit Hilfe eines befreundeten Lama sammelte er in einem abgelegenen Kloster Ladakhs von 1822 bis 1826 40 000 tibetische Wörter, doch winkten seine Auftraggeber plötzlich ab, denn jemand anders war schneller gewesen. Da sich dessen Arbeit jedoch als mangelhaft erwies, kamen die Briten auf Csoma von Körös zurück. Innerhalb von drei Jahren vervollständigte er sein Werk; 1834 lag es gedruckt vor.

Einige Jahre später versuchte er erneut, Zentraltibet zu erreichen; diesmal über Darjeeling und Sikkim. Auf dem Weg nach Darjeeling erkrankte er jedoch an Malaria und am 12. April 1842 verstarb er, ohne das eigentliche Ziel seines Aufbruchs von Europa je erreicht zu haben. In Anerkennung seiner Leistung, den Buddhismus der europäischen Kultur nähergebracht zu haben, wurde er 1933 nachträglich zum Bodhisattva erklärt.

Unermüdliche Missionsbemühungen

1846 fanden einmal mehr zwei französische Missionare, Evariste Huc und Joseph Gabet, als chinesische Beamte verkleidet, den Weg nach Lhasa, doch die Mehrzahl der Tibeter zeigte ihnen nach wie vor die kalte Schulter. Gegen den Widerstand des tibetischen Regenten wiesen die Ambane beide Missionare schon nach kurzem Aufenthalt aus. Die Chinesen kontrollierten zu der Zeit vollends die Kontakte der Tibeter mit dem Ausland. So sollten die Franzosen denn auch bis zur Younghusband-Strafexpedition von 1904 die letzten Europäer in Lhasa bleiben.

Christliche Missionare, die Herrnhuter, waren es auch, die den ersten engen Kontakt zwischen der tibetischen Kultur und Deutschland knüpften. 1850 entschlossen sich die Herrnhuter, in der Mongolei eine Missionsstation aufzubauen. Die mit dieser Aufgabe betrauten Missionare wählten den Weg über Indien, Ladakh und Tibet. Ihr eigentliches Ziel erreichten sie indes nie, da die Tibeter ihnen den Zugang versperrten. Somit änderten sie kurzerhand ihre Pläne und ließen sich 1856 in Kyelang, südlich von Ladakh, nieder. Unter den nachfolgenden Missionaren befand sich der Linguist Heinrich August Jäschke, ein wahres Sprachgenie, das entscheidend zur Erforschung und wissenschaftlichen Erfassung der tibetischen Sprache beitrug. Selbstverständlich stellte Jäschke im Gegensatz zu Csoma von Körös seine Fähigkeiten zuerst in den Dienst der Verkündigung des christlichen Glaubens. Mit einem geradezu titanischen Arbeitspensum übersetzte er Bibelteile, Gesang- und Lehrbücher ins Tibetische. 1867 veröffentlichte er sogar ein dreisprachiges Wörterbuch Tibetisch-Urdu-Hindi. Ein Jahr später kehrte er aufgrund einer sich abzeichnenden Nervenerkrankung nach Deutschland zurück, wo er sein Werk fortsetzte. Innerhalb von nur zwei Jahren erstellte er ein komplettes Wörterbuch der tibetischen Sprache. Da sich seine Begabung herumsprach, baten ihn die Engländer um Mitarbeit bei einem tibetisch-englischen Wörterbuch, das 1881 erschien. Zwei Jahre später, am 24. September 1883, verstarb Heinrich Jäschke im Alter von 66 Jahren.

Die christlichen Glaubensverkünder in Ladakh betrachteten ihre Aktivitäten in der zweiten Hälfte des 19. Jahrhunderts vor allem als Vorbereitung für eine breit angelegte Missionierung Tibets, das seine Grenzen irgendwann öffnen mußte. So hieß es in einem zeitgenössischen Bericht der Herrnhuter: „Noch immer ist uns hier die Tür verschlossen. Wie lange wird es noch währen? Das chinesische Reich ist in einem langsamen Zerbröckelungsprozeß begriffen, und wenn es über kurz oder lang in Trümmer geht, wird auch Tibet seine Tore nicht mehr gegen Fremde verschließen können wie bisher. Denn nur gestützt auf die hinter ihm stehende, sonst verhaßte chinesische Macht ist es imstande gewesen, den mißliebigen und gefürchteten Europäer aus seinen Bergen fernzuhalten. Und wenn die ersten Bajonette einer europäischen Macht sich auf den Pässen des Landes zeigen, dann werden voraussichtlich die Luntenflintenmänner des Dalai Lama tapfer Reißaus nehmen, das Land wird mit einem Schlage offen stehen, und hinter dem Soldaten mit Gewehr und Säbel wird der Missionar mit der Bibel in der Hand einziehen. Ein ganzer Vorpostenkranz ist bereits rings um Tibet gebildet von Stationen verschiedener Missions-Gesellschaften, die sämtlich auf den Augenblick warten, wenn nach Gottes Ratschluß die Tore sich öffnen."

Die Methoden der Verkündigung und der „zivilisatorischen" Mission schildert ein zeitgenössischer Chronist ebenfalls höchst anschaulich: „Besondere Erwähnung verdient aber noch die von den Missionsschwestern seit mehr als dreißig Jahren geleitete und mit größter Treue besorgte Strick- und Nähschule, in welcher sechs Christenmädchen und gegen sechzig heidnische Frauen und Mädchen Handarbeitsunterricht empfangen und dabei auch Bibelsprüche und Gesangbuchverse lernen. Die äußerlich sichtbare Frucht dieses Unterrichts sind u. a. 1100 Paar in einem Jahr gestrickte Strümpfe, die bei den Durchreisenden oder mit Kyelang in Verbindung stehenden Engländern reißend abgehen, und ein gesittetes Betragen, eine Art christlicher Schliff, wodurch sich die heidnischen Frauen und Mädchen der Strickschule von denen auszeichnen, die diese günstige Gelegenheit weiterzukommen nicht benutzen."

Dennoch waren die Bemühungen letztlich genausowenig von Erfolg gekrönt, wie die sporadischen Aktivitäten christlicher Missionare in Zentraltibet: „Im ganzen waren doch die Früchte der Missionsarbeit in Kyelang recht gering. Die überall vorhandenen und sich fast überall gleichbleibenden Hindernisse der Ausbreitung des Reiches Gottes, nämlich die Sündenlust und die Weltlust der Menschen, können wir dabei übergehen, indem wir nur nach den besonderen und in Lahul ausnahmsweise vorhandenen Hindernissen des Werkes forschen. Es ist nun gar keine Frage, daß in Lahul sowohl als in anderen Grenzgebieten von Tibet, und in Tibet selbst, der Buddhismus oder vielmehr der Lamaismus ein Haupthindernis der Christianisierung ist." So das nüchterne Resümee der Herrnhuter.

Wachsender Einfluß der Engländer

Im ausgehenden 19. Jahrhundert besannen sich die Engländer auf Warren Hastings und seine Pläne zur Intensivierung der tibe-

Abb. 7: Tibeterin in der Stadt Gyantse. Im Hintergrund Teile der alten Stadtmauer.

tisch-bengalischen Beziehungen. Das durch innere Kämpfe zerrissene chinesische Kaiserreich konnte kaum mehr Einfluß auf die Ereignisse in Tibet nehmen, und die Engländer selbst gingen diesmal besser vorbereitet und geschickter vor. Sie schickten als buddhistische Pilger verkleidete indische Spione nach Tibet, die in ihren Gebetsmühlen keine heiligen Schriften, sondern Papier und Bleistift mit sich führten. Diese Spione, Pandits genannt, konnten sich völlig unbehelligt bewegen und das Land erforschen.

Als die Gerüchte über Kontakte zwischen dem 13. Dalai Lama und dem Zarenhof in Petersburg aufkamen, reagierten die Engländer alarmiert, denn sie betrachteten Tibet als ihren Einflußbereich. Initiator der Kontakte zwischen Lhasa und Petersburg war Lama Dordscheff, ein Angehöriger der Burjaten, eines mongolisch-buddhistischen Volkes, das am sibirischen Baikalsee siedelt. Doch seine Vermittlung blieb erfolglos. Um ihren Ansprüchen Nachdruck zu verleihen, entsandten die Engländer die bereits erwähnte Strafexpedition unter Colonel Francis Younghusband. Den Eindringlingen stellte sich eine tibetische Streitmacht entgegen, die zunächst aufgrund ihrer Ortskenntnis einige Erfolge erzielen und Younghusband aufhalten konnte. Im März 1904 kam es zur Schlacht bei Guru im Chumbi-Tal, wo die waffentechnisch hochüberlegenen englischen Truppen den einheimischen Soldaten eine vernichtende Niederlage zufügten und 700 Tibeter töteten. Im April nahmen sie die Stadt Gyantse ein und zerstörten die berühmte Burg (Dzong). Auf dem Weg nach Lhasa stellte sich ihnen am Karo-Paß ein weiteres tibetisches Truppenkontingent entgegen, das ebenfalls geschlagen wurde. Dort ließen 400 Tibeter ihr Leben. Am 3. August traf die Strafexpedition in der Hauptstadt ein. Nach Abschluß des Vertrages vom 7. September 1904, der allen ausländischen Mächten den Zutritt nach Tibet versperrte, zogen die englischen Soldaten auf direktem Weg nach Indien zurück; ein Akt, der ihnen selbst beim geflohenen Dalai Lama großen Respekt einbrachte.

Die wissenschaftliche Erforschung Tibets

Um die Jahrhundertwende waren so viele Berichte aus Tibet nach Europa gedrungen, daß eine wachsende Zahl von Menschen das Land aufsuchte, die weder missionarische noch wirtschaftliche Interessen hatte, sondern von einer Mischung aus wissenschaftlichem Forschungsdrang und Abenteurertum motiviert war. Der Schwede Sven Hedin, die Französin Alexandra David-Néel, die deutschen Brüder Schlagintweit und die Österreicher Heinrich Harrer und Peter Aufschnaiter gehörten zweifellos zu den bedeutendsten Persönlichkeiten dieser Epoche. Mit den Expeditionen dieser und anderer, vielleicht weniger bekannter, aber ebenso verdienstvoller Reisender begann die systematische und umfassende Erforschung der tibetischen Geographie, Geologie, Flora und Fauna sowie der Kultur und Religion nach europäisch wissenschaftlichen Kriterien.

Unter diesen Forschern nimmt Sven Hedin eine herausragende Rolle ein. Er verfügte über glänzende Beziehungen zum schwedischen König ebenso wie zum englischen Vizekönig in Indien, die beide zum Gelingen seiner Unternehmen beitrugen. Hedin begann 1893 im Alter von 28 Jahren mit seiner ersten Expedition. Er hatte zuvor Geographie, Geologie und Sprachen in Uppsala, Berlin und Halle studiert. 1896 durchquerte er Nordtibet von West nach Ost. 1901 folgten ausgedehnte Reisen durch Westtibet und Ladakh. 1906 und 1907 war er mehrere Monate Gast des Panchen Rinpoche im Kloster Tashi Lhunpo in Shigatse; anschließend erforschte er den Transhimalaya. In seinem dreibändigen Werk über diese letzte Tibetexpedition beschrieb er lebhaft den Forschungsdrang, der ihn immer wieder vorangetrieben und die meisten Klippen überwinden geholfen hatte: „Durch eine ganze Kette von Schwierigkeiten und Hindernissen hatte ich mich hindurcharbeiten müssen. (...) In Indien fand ich das schlimmste von allen: das unbedingte Verbot, von der indischen Seite aus in Tibet einzudringen. Dann folgte all der unnötige Wirrwarr in Srinagar und auf dem Wege nach Leh, und die alberne Geschichte mit dem chinesischen Paß, den ich gar nicht brauchte und dessen Erlangung mir so viel Mühe machte. War das nicht wie das Märchen vom Ritter, der eine Menge scheußlicher Ungeheuer und Widerwärtigkeiten zu überwinden hatte, ehe er zur Prinzessin auf den Gipfel des Glasberges hinaufgelangte? Nun aber hatte ich endlich alle Bureaukraten, Politiker und andere Störenfriede hinter mir; nun mußte uns jede Tagesreise immer weiter von der letzten Telegraphenstation, Leh, entfernen, und dann wartete unser die große Freiheit (...)."

Hedin trug Grundlegendes zur geographischen Erforschung Tibets bei, war aber auch ein genauer Chronist der Ereignisse in Shigatse. Seine Aufzeichnungen umfaßten nicht nur ein umfangreiches schriftliches Werk, sondern auch Skizzen und Photographien. Ein Ziel allerdings erreichte Sven Hedin nie: Lhasa. Nachdem ihm der Zutritt mehrere Male verboten worden war, ließ er während einer Reise 1902 seine staatliche Expeditionsbegleitung hinter sich und machte sich mit nur 13 Begleitern als Pilger verkleidet auf den Weg. Er gelangte bis zwei Tagesmärsche vor Lhasa; dann wurde er entdeckt und mußte über Nepal und Indien das Land verlassen. Manche Tibeter meinen, Hedin habe die heilige Stadt Lhasa deshalb nicht erreicht, weil er keinen wirklichen Zugang zur Religion, zum tibetischen Buddhismus, finden konnte.

Alexandra David-Néel und Lama Govinda, zwei europäische Buddhisten

Noch ausgiebiger, aber mit gänzlich anderen Interessen, bereiste einige Jahre später die Französin Alexandra David-Néel Tibet. Sie zählte ohne Frage zu den außergewöhnlichsten Frauen ihrer Zeit. In jungen Jahren studierte sie Philosophie und orientalische Sprachen. Das Geld dafür verdiente sie sich unter anderem als Sängerin und Journalistin. 1912 traf sie in Sikkim den 13. Dalai Lama, der sie offenbar sehr beeindruckt hat. Sie lernte daraufhin Tibetisch und konvertierte zum Buddhismus. 1914 begann sie eine zehnjährige Reise durch alle Teile Tibets, auf der sie ein junger Lama begleitete, den sie als ihren Sohn adoptiert hatte. Drei Jahre lebte sie in Kumbum im Osten, und auch andere Klöster und Städte wie Shigatse, Gyantse oder Samye gehörten zu ihrem Programm. Zudem erreichte sie, was Sven Hedin nicht vergönnt war: die Hauptstadt Lhasa, wo sie die erste europäische Frau war. Sie lebte dort als Bettelpilgerin zwei Monate unentdeckt.

Alexandra David-Néels Beitrag zur Erforschung Tibets war vor allem religiös-kultureller Natur. Von dem Sachsen Ernst Lothar Hoffmann abgesehen ist wohl kein Mensch aus dem westlichen Kulturkreis so tief in die tibetische Kultur eingedrungen. Alexandra David-Néel berichtete in ihren vielen Büchern ausführlich über die dem abendländischen Weltbild fremd gewordenen magischen Praktiken, von denen sie einige bis zu einem gewissen Grad selbst erlernte. Zudem kam sie auf ihren Reisen wie kaum jemand sonst mit dem tibetischen Alltagsleben in Berührung. Der tibetischen Sprache mächtig und allein von ihrem Adoptivsohn begleitet, konnte sie sich gänzlich unauffällig bewegen; Pilgerpaare waren nun einmal nichts besonderes. Die Expeditionen Hedins und anderer Naturwissenschaftler, die häufig aus Dutzenden von Begleitern und ganzen Tierherden bestanden, konnten dagegen keinen wirklichen Kontakt zur einfachen Bevölkerung aufbauen.

Alexandra David-Néel verließ Lhasa im April 1924, um nach Darjeeling zurückzukehren. Von dort machte sie sich auf den Heimweg nach Europa; am 10. Mai 1925 legte ihr Schiff in Le Havre an. Obwohl sie noch 44 Jahre lebte, sollte sie Asien nie wiedersehen. Sie starb im Alter von 100 Jahren am 9. September 1969 in Digne, in den französischen Alpen. Ihrem Mann Philippe Néel, mit dem sie in ihrer vierzigjährigen Ehe zwar nur wenige Monate zusammen, doch in enger Freundschaft verbunden war, schrieb sie 1920 aus dem Kloster Kumbum kurz vor der gefährlichen Reise nach Lhasa ihre Lebensphilosophie: „Wenn schon sterben, dann ziehe ich die Straße vor, irgendwo in der Steppe, mit dem schönen Himmel über meinem Kopf und der letzten Befriedigung, zumindest gewagt zu haben, was ich mir wünschte, statt in einem Zimmer von dem Bedauern getötet zu werden, nicht genug Mut gehabt zu haben."

Der mit Alexandra David-Néel vergleichbare Ernst Lothar Hoffmann dürfte selbst Tibetexperten kein Begriff sein; weltberühmt wurde er aber unter seinem Sanskritnamen, den er nach dem Übertritt zum Buddhismus annahm: Lama Anagarika Govinda. Der 1898 geborene Hoffmann entwickelte schon früh ein reges Interesse an religiösen Fragen und wandte sich nach dem Studium von Christentum und Islam dem Buddhismus zu, den er als seinen Weg erkannte. Um an die Wurzeln zu gelangen, zog er nach Ceylon. 1931 traf er auf einem Kongreß in Darjeeling den tibetischen Lehrer Tomo Geshe Rinpoche, der ihm den Zugang zum Vajrayana-Buddhismus eröffnete. In den folgenden Jahrzehnten wurde Lama Govinda einer der wichtigsten Vertreter dieser Schulrichtung in der Welt. Dabei schloß er sich der Drukpa-Kagyüpa-Linie an.

Trotz der engen Beziehung zur tibetischen Religion und Kultur blieb Lama Govinda die meiste Zeit seines Lebens auf dem indischen Subkontinent oder in Sikkim. Nach Tibet führten ihn einige Expeditionen. 1932 reiste er ins südtibetische Chumbi-Tal, 1933 nach Ladakh und Westtibet, 1947–49 nach Zentraltibet. Seine Arbeiten und Veröffentlichungen befaßten sich insbesondere mit tibetischer Mystik und Meditation. Er starb am 14. Januar 1985 in Kalifornien, wo er sich 1977 niedergelassen hatte.

Die langsame Öffnung

Viele Tibetreisende in der ersten Hälfte des 20. Jahrhunderts standen in der Tradition des Schotten George Bogle. Sie verbanden ihr Forschungsinteresse mit bestimmten wirtschaftlichen oder militärischen Aufträgen. Hervorzuheben sind etwa die Briten Charles Claude White, der zur Younghusband-Truppe gehörte, Captain John Noel, ein glänzender Alpinist, der als Muslim verkleidet schon in den zwanziger Jahren den Weg zum Mount Everest gesucht hatte, oder Sir Charles Bell, Vertreter der englischen Krone und Freund des 13. Dalai Lama. Er hatte 1916 versucht, Alexandra David-Néel den Weg nach Zentraltibet zu versperren. Die nachhaltigste Wirkung für die Tibetforschung verzeichnete der Diplomat Hugh Edward Richardson, der sich in den dreißiger Jahren lange Zeit in Tibet aufgehalten hat. Sein Buch „Tibet and Its History", das 1964 unter dem Titel „Tibet – Geschichte und Schicksal" auf deutsch erschien, gilt noch immer als eines der bedeutendsten Werke über das Land.

Auch die USA entdeckten bald das Dach der Welt. Als erste Amerikaner erreichten das Ehepaar Helen und Charles Suydam Cutting 1937 Lhasa. Im Zweiten Weltkrieg erkundete ein US-Expeditionscorps, als Reaktion auf die japanische Schließung der Straße durch Birma, heimlich den Landweg nach Ostasien durch Tibet. Die Expedition unter Leitung des Exilrussen Ilja Tolstoi, einem Enkel des Schriftstellers Leo Tolstoi, brach im Oktober 1942 in Darjeeling auf und erreichte über Sikkim und Gyantse schließlich Lhasa, wo sie mehrere Monate blieb und freundschaftliche Beziehungen zum jungen 14. Dalai Lama unterhielt.

Der erste Deutsche in Lhasa war 1937 der Biologe und Zoologe Ernst Schäfer von der Universität Göttingen. Er nahm an drei Tibetexpeditionen teil und erwarb sich große Verdienste bei der Erforschung der Tier- und Pflanzenwelt. Als überzeugter Nationalsozialist und SS-Angehöriger spiegelten sich in seinen Büchern jedoch auch der für die Herrenmenschen-Ideologie typische Rassismus und die Verachtung fremder Kulturen wider. Der buddhistischen Ethik von der Gleichheit aller Menschen und dem Verbot zu töten, stand Schäfer offensichtlich weniger nahe als dem Land mit seiner Fauna und Flora. So bezeichnet er die Sherpa in seinem Buch „Über den Himalaya ins Land der Götter" als „anmaßendes, niederträchtiges Geschmeiß". Von einigen tibetischen Frauen weiß er zu berichten: „Und erst diese schwarzen, tierischen, unglaublich verwahrlosten Frauen der Phari-Tibeter! Abstoßenden Zwerginnen ähnlicher als menschlichen Wesen, sind sie das ekelerregendste an Weiblichkeit, was ich je zu Gesicht bekommen habe: entweihte Weiber ohne Scham und Scharm, ein wahrer Abschaum der Menschheit! Es graust einem bei jeder Begegnung mit diesen personifizierten Hexen, die unsere Unterkunft zu Dutzenden umlagern."

Weitere deutsche Tibetforscher waren Wilhelm Filchner, Albert Tafel und Emil Schlagintweit. Dessen drei Brüder, Hermann, Robert und Adolf, hielten sich vor allem in Ladakh, Kaschmir und Turkestan auf.

Unter allen Tibetreisenden sind Heinrich Harrer und Peter Aufschnaiter vermutlich die bekanntesten. Dabei hatten sie ihre Reise nach Lhasa gar nicht geplant, sondern aus der Not eine Tugend gemacht. Harrer beteiligte sich 1939 an einer österreichisch-deutschen Expedition zum 8125 Meter hohen Nanga Parbat in Kaschmir. Der Zweite Weltkrieg verhinderte jedoch die Besteigung, und statt auf dem Gipfel fand sich die Gruppe in einem englischen Gefangenenlager in Nordindien wieder. Mehrere der Inhaftierten, die von den Engländern ausgesprochen zuvorkommend und höflich behandelt wurden, unternahmen Fluchtversuche, doch hatten schließlich nur Harrer und Aufschnaiter Erfolg. Beide konnten sich innerhalb von knapp drei Jahren auf abenteuerlichen und gefährlichen Pfaden bis Lhasa durchschlagen, wo sie im Januar 1946 völlig erschöpft eintrafen. Harrer berichtet in seinem Buch „Sieben Jahre in Tibet" über den ersten Anblick des Potala-Palastes: „Aus der Tölunggegend kommen wir in das breite Kyischutal. Wir biegen um eine Ecke – und in der Ferne leuchten die goldenen Dächer des Potala! Der Wintersitz des Dalai Lama, das berühmte Wahrzeichen von Lhasa: Dieser Augenblick entschädigt uns für vieles. Am liebsten wären wie niedergekniet und hätten gleich den Pilgern mit der Stirn den Boden berührt."

Beide Österreicher blieben bis 1950, als die chinesische Volksbefreiungsarmee heranrückte. Sie konnten bald enge Kontakte zum Dalai Lama und den sonstigen Würdenträgern knüpfen. Gerade der Dalai Lama zeigte sich interessiert, mehr über die westliche Kultur und Wissenschaft zu erfahren. Heinrich Harrer erteilte ihm in solchen Dingen Unterricht. Peter Aufschnaiter legte in den Außenbezirken von Lhasa ein Bewässerungssystem an und begann, das Land kartographisch zu erfassen. Zudem sammelte er mit beispielloser Akribie Daten zum Wirtschaftsleben. Dazu gehörten selbst die Preise für einen Haarschnitt oder eine – aus Indien eingeführte – Tafel Schokolade. Peter Aufschnaiter lebte nach seinem unfreiwilligen Weggang aus Tibet zuerst in Indien und ab 1956 in Nepal. Er starb am 12. Oktober 1973 während eines Krankenhausaufenthaltes in Innsbruck. Heinrich Harrer ging zunächst nach Europa, um die Öffentlichkeit auf die Tragödie Tibet aufmerksam zu machen. Später unternahm er Expeditionen in andere abgelegene Teile der Erde. Er ist gemeinsam mit H. E. Richardson einer der wenigen Europäer, die das alte und das neue Tibet kennen. In den letzten Jahren engagierte er sich verstärkt für die Bewahrung der tibetischen Kultur.

Der Bambusvorhang fällt

Mit dem Eintreffen der Volksbefreiungsarmee senkte sich ein Bambusvorhang über Tibet, der es dichter von der Außenwelt abschloß, als je zuvor. Dreißig Jahre lang duldeten die Chinesen kaum Zeugen bei ihrem Versuch, die tibetische Kultur zu zerstören. Die wenigen ausgewählten und als chinafreundlich bekannten Besucher erfüllten ausnahmslos die Erwartungen der chinesischen Behörden. Selbst bekannte Persönlichkeiten wie der englische Journalist und Chronist der indischen Unabhängigkeit Stuart Gelder oder die exilchinesische Schriftstellerin Han Suyin ließen sich von der chinesischen Propaganda mißbrauchen und priesen die vermeintlichen Entwicklungsbemühungen sowie den Fortschritt auf dem Dach der Welt. Erst im Zuge der Liberalisierungen 1979 wurde das Land sehr zaghaft geöffnet. Die ersten Besucher nach dem Ende des Traumas waren Journalisten- oder Reisegruppen, die sich in ständiger Begleitung chinesischer Offizieller befanden. Seit 1983 dürfen Einzelreisende – zunächst mit Sondergenehmigung – ins Land.

Tourismus als Devisenquelle

Mitte der achtziger Jahre vollzog sich eine rasante Öffnung, die kaum jemand vorherzusehen gewagt hatte. Die Ursache dafür war sehr einfach: die chinesische Führung hatte den Tourismus als Devisenquelle entdeckt. Bereits 1980 prognostizierte der Münchener Tourismuskritiker und Sachbuchautor Christian Adler: „Nachdem Ladakh bald abgewirtschaftet haben wird, setzt man heute auf eine Öffnung Tibets, Traumziel vieler Kunden. Auf die Dauer, so kalkuliert man, werden sich die Chinesen nicht dem lockenden Devisenstrom entziehen können."

Exakte und einheitliche Zahlen über die Entwicklung des Tourismus sind nicht leicht zu bekommen, doch die Tendenz – zumindest bis Oktober 1987 – war eindeutig; Tibet wurde immer mehr zum Anziehungspunkt für Einzel- und Gruppenreisende, die sich aus allen sozialen Schichten, vom Rucksacktouristen über den Bildungsbürger bis zum Pensionär, rekrutieren.

1980 konnten ganze 300 Ausländer Tibet besuchen; 1984 waren es 1400, 1985 bereits 15000. Bis 1987 erhöhte sich die Zahl auf 43000, und Peking träumte bereits von einem Disneyland auf dem Dach der Welt mit mindestens 100000 Touristen pro Jahr. 1986 lagen die touristischen Einnahmen bei 29 Millionen Yuan, und für 1990 waren 1,2 Milliarden vorgesehen. Doch dann kam alles ganz anders. Die Unruhen von 1987 sowie vor allem das Kriegsrecht von 1989 bescherten der Tourismusbranche massive Einbrüche. 1989 verzeichnete Tibet 3600 Touristenankünfte; 1990 stiegen sie auf 11000 und 1992 auf 16000. Danach gingen die Zahlen schneller in die Höhe. Mitte der neunziger Jahre verbuchten die Behörden über 30000 Ankünfte jährlich.

Um den Ansturm zu bewältigen, lösten die Behörden einen Bauboom aus. Innerhalb von wenigen Jahren entstanden elf staatliche Touristenhotels; daneben gibt es im Land vierzig meist private Gasthäuser. Internationale Erfahrung ist gefragt. Seit Juni 1986 wird das Lhasa-Hotel, eines der größten in der

Hauptstadt, von Holiday Inn geführt. Der Tourismus ist für die Chinesen die effektivste Devisenquelle, denn das Handikap bei allen anderen Wirtschaftsprojekten, die schlechte Infrastruktur, spielt dabei keine Rolle – oder erhöht vielleicht sogar eher noch den Reiz.

Assimilierung und Propaganda

Der Tourismus könnte zudem noch eine andere Funktion erfüllen: die schleichende Assimilierung der Tibeter. Die Schattenseiten des Massentourismus sind in der Hauptstadt Lhasa schon deutlich sichtbar. In der Innenstadt wächst die Zahl der niedergelassenen wie fliegenden Händler. An manchen Stellen ähnelt der heilige Ritualweg um den Jokhang-Tempel eher einem orientalischen Jahrmarkt; Teppiche, Schmuck, Messer oder gar Gebetsmühlen werden für die europäischen Stuben angeboten. Eine steigende Touristenzahl erhöht die Nachfrage, und so eröffnen sich neue Berufszweige. Aus Bauern werden Andenkenverkäufer, aus Hirten Hotelboys, aus Landarbeiterinnen Zimmermädchen. Heilige Kultgegenstände verkommen zu touristischer Ramschware.

Weitere Probleme sind die Energieknappheit und Umweltzerstörung. Dazu tragen insbesondere Bergsteiger und -wanderer bei. Wenn sie sich zu den Himalayagipfeln aufmachen, benötigen sie große Mengen des kostbaren Feuerholzes, das dann den Einheimischen nicht mehr zur Verfügung steht. Dies trägt dazu bei, den Nomaden ihre Lebensgrundlage zu entziehen. In den Waldgebieten des südlichen Himalaya dehnt sich der Kahlschlag mit der wachsenden Touristenzahl aus. Erosion und Versteppung sind die Folge.

Die Chinesen betrachten die durch den Tourismus ausgelösten sozialen Veränderungen mit unverhohlener Genugtuung. Sie unternehmen zudem große Anstrengungen, Besuchern ihren historischen Anspruch auf Tibet bei jeder Gelegenheit vor Augen zu führen. Dies fällt bei weniger gut informierten Touristen durchaus auf fruchtbaren Boden. So wird Prinzessin

Wen Cheng als eine der zentralen Persönlichkeiten der tibetischen Geschichte herausgestellt; eine Rolle, die sie so sicher nicht gespielt hat. Prinzessin Bhrikuti wird dagegen geflissentlich ignoriert. Dabei bleiben auch die Fakten häufig auf der Strecke. Der von Bhrikuti gegründete Jokhang-Tempel wird zu einer Stiftung Wen Chengs. In einem Prospekt über den Potala-Palast behaupten die Chinesen gar, der fünfte Dalai Lama habe 1653 von den Qing-Kaisern seinen (mongolischen) Titel erhalten. Der frühere Redakteur des „Tibet Forum", Jan Andersson, berichtet von Besuchern, die eine kleine Pagode im chinesischen Stil nahe des Potala als Beweis für den Einfluß Chinas auf die tibetische Kultur und Architektur ansehen. Kein Tourist erfährt vor Ort, daß diese Pagode in den sechziger Jahren dieses Jahrhunderts von tibetischen Zwangsarbeitern erbaut wurde.

Besonderen Wert legen die Chinesen auf den Besuch von Prominenten in Tibet. Jeder Politiker, der auf das Dach der Welt fährt, erkennt damit den Anspruch Pekings an. Von den Großen der Welt haben bislang Edward Heath, George Bush, Pierre Trudeau, Valerie Giscard d'Estaing, Jimmy Carter, König Birendra aus Nepal und Bundeskanzler Helmut Kohl den Chinesen diesen Gefallen erwiesen. Helmut Kohl und Valerie Giscard d'Estaing haben den höchst unsensiblen Schritt sogar als amtierender Regierungschef bzw. Staatspräsident unternommen; dabei war Giscard d'Estaing immerhin so taktvoll, den Besuch als private Visite ohne offizielle Begleitung und nach formellem Abschluß eines Staatsbesuches anzutreten.

Schattenseiten für die Chinesen

Die Devisen, die schleichende Assimilierung sowie der Propagandaeffekt motivieren die Chinesen, weiterhin auf den Tourismus zu setzen. Dennoch hat die Entwicklung auch Schattenseiten, die den Behörden seit Herbst 1987 schmerzlich bewußt wurden. Durch die Besucher gelangen die Ereignisse in Tibet in die Weltöffentlichkeit. Tatsächlich waren es im September 1987 zuerst Touristen, die in Chengdu der überraschten Weltpresse von Protesten und Verhaftungen in Lhasa berichteten. Auch das harte Durchgreifen der Behörden, die während der Unruhen Besucher, die das Photographierverbot mißachteten, sofort auswiesen, dokumentiert die chinesische Angst vor Augenzeugen. Selbst in ruhigen Zeiten lassen die Chinesen jegliche Souveränität im Umgang mit Touristen vermissen, wenn diese in engen Kontakt mit der einheimischen Bevölkerung kommen. Das beleuchtet eine kleine Episode, die sich im Frühjahr 1986 in Lhasa zutrug. Zwei Europäerinnen hatten in einem Hotel einen gutbesuchten Englischunterricht für Tibeter organisiert. Sie gingen dabei bisweilen auch auf die tibetische Geschichte ein. Bereits nach wenigen Wochen schritten die Behörden ein. Der Unterricht sei „antichinesisch"; das heißt, die Europäerinnen hatten die Eigenständigkeit der tibetischen Geschichte und Kultur zu sehr betont. Im Unterricht saßen eigens chinesische Spitzel zur Kontrolle.

Angesichts derartiger Konsequenzen gewinnen die Tibeter dem Tourismus viele positive Seiten ab. So erklärte der Dalai Lama auf einer Pressekonferenz in Bonn: „Bisher mußten wir Exiltibeter immer die Situation in unserem Land beschreiben. Wenn die Touristen zugelassen werden, können die Menschen selbst sehen und der Welt berichten." Dennoch betrachten auch die Tibeter den Touristenstrom mit einem lachenden und einem weinenden Auge, denn viele der Vorteile, die er den Chinesen beschert, zählen für die patriotischen Tibeter zu den Schattenseiten. Im Gegensatz zu den Chinesen können sie die Entwicklung allerdings nicht steuern.

Daß es weitergeht mit den Reisen auf das Dach der Welt, erscheint angesichts der chinesischen Investitionen außer Frage. Wie es weitergeht, das ist ungewiß. Doch unabhängig davon, ob die Chinesen in Zukunft mehr auf besser kontrollierbare Gruppenreisen setzen, oder die Individualtouristen bald wieder so strömen dürfen, als hätte es nie irgendwelche Unruhen gegeben, bleibt eine gute Vorbereitung, die auch die Sitten und Gebräuche der Tibeter berücksichtigt, gerade in einem so fremden Land unverzichtbare Bedingung.

X. Zwischen Euphorie und Höhenkrankheit – Reisen in Tibet

Pauschalreisen, der einfachste und sicherste Weg

Nach dem Kriegsrecht von 1989 erholte sich der Individualtourismus nur langsam, und niemand kann vorhersagen, welchen Kurs die chinesischen Behörden gegenüber den Touristen gerade einschlagen. Wer ganz sicher gehen möchte, muß eine der Gruppenreisen buchen, die nahezu ungehindert zugelassen werden. Tibetreisen zählen inzwischen zu den Standardangeboten der meisten Tourismusunternehmen, und jedes größere Reisebüro wird entsprechende Touren gern vermitteln. Sie erleichtern den Aufenthalt in Tibet ganz beträchtlich. Das Programm, das angesichts der Konkurrenz bei allen Anbietern die kulturgeschichtlich interessanten Orte beinhalten muß, liegt fest; die häufig recht schwierige Verständigung mit dem staatlichen chinesischen Reisebüro CITS oder Transportunternehmen vor Ort erübrigt sich. Bei Krankheiten oder sonstigen Notfällen steht sachkundige Hilfe zur Seite. Auf Zentralasien spezialisierte Reiseunternehmen bieten auch Touren zu außergewöhnlichen Zielen mit entsprechender fachkundiger Begleitung an, über die ein gutes Reisebüro Auskunft geben kann. Somit müssen sich die Pauschaltouristen in Tibet keinesfalls nur auf den ausgetretenen Touristenpfaden bewegen. Dennoch liegen die Nachteile auf der Hand: Fehlende Flexibilität, mangelnde persönliche Entfaltungsmöglichkeiten und nicht zuletzt erheblich höhere Preise.

Auf die Bedürfnisse der Einzelreisenden reagierte die chinesische Bürokratie mit der ihr eigenen Logik. 1991 durften erstmals wieder privat organisierte Kleingruppen ins Land, die nicht mit einem Reiseveranstalter unterwegs waren. In der Folgezeit wurde die erforderliche Mindestzahl für eine Kleingruppe immer weiter heruntergesetzt, bis schließlich „Ein-Personen-Gruppen" ins Land durften. Damit war das Land für Einzelreisende faktisch wieder offen, ohne die bürokratischen Regeln zu übergehen. Eine Garantie für Einzelreisende kann dennoch nie gegeben werden; zu sehr hängt ihre Behandlung von der allgemeinen Lage ab. Im März 1995 zum Beispiel verboten die Behörden vorübergehend, Tickets für eine Tibetreise an Individualtouristen zu verkaufen. Sie mußten über ein Reisebüro gebucht werden, was letztlich außer einem größeren Einsatz an Zeit und Geld keine Behinderung bedeutete. Im Land selbst war die Bewegungsfreiheit gewährleistet.

Die Wege nach Lhasa

Der ungeahnte Touristenboom von 1985 bis 1987 ging vor allem auf das Konto der Einzelreisenden, und die chinesischen Behörden taten den Skeptikern zum Trotz alles, um ihnen die Wege zu ebnen. Für Reisende mit wenig Zeit ist der Weg nach Lhasa einfach. Bei gutem Wetter startet zweimal am Tag ein Flugzeug von Chengdu, der Hauptstadt der Provinz Sichuan, nach Gonggar, dem Flughafen von Lhasa, der 120 Kilometer südwestlich der Stadt liegt. Nach einem zweistündigen Flug folgt der ebensolange Weitertransport im Bus der chinesischen Fluggesellschaft CAAC (Civil Aviation Administration of China). Der Weg durch das Tsangpotal vermittelt bereits einen Eindruck von der Landschaft Zentraltibets. Wer es besonders eilig hat oder durch den in nur zwei Stunden bewältigten Höhenunterschied von 3600 Metern geschwächt ist, kann sich in privaten und luxuriöser ausgestatteten Kleinbussen chauffieren lassen, die natürlich einen teureren Service anbieten – obwohl die Tarife nach europäischem Niveau noch immer sehr bescheiden sind. Am 12. September 1987 eröffnete die CAAC eine neue Linie zwischen Lhasa und Katmandu, der Hauptstadt Nepals.

Die Landwege nach Lhasa sind mühsam und erfordern eine gute körperliche Konstitution. Dafür bieten sie einen unvergleichlichen Zugang zu dem Land sowie das Gefühl, eines der letzten Abenteuer in einer hochtechnisierten Welt zu erleben. Der einfachste, aber gleichzeitig auch eintönigste Landweg führt über Gormo (Golmund), der Endstation der chinesischen Eisenbahn in der Provinz Qinghai. Von dort sind es mit dem Bus noch 1150 Kilometer und 36 Stunden bis Lhasa. Sehr viel interessanter, aber auch anstrengender ist die Reise mit dem Bus oder LKW von Chengdu. Die über 2000 Kilometer lange Tour durch die Schneeberge und tiefen Täler Osttibets dauert etwa zwei bis drei Wochen. Hin und wieder gibt es unterwegs Gasthäuser; manchmal dient die Kajüte oder gar nur die Ladefläche des gastfreundlichen Fahrers als Nachtquartier.

Reisende, die sich für besonders mutig halten, haben immer wieder versucht, einen LKW für die verbotene Strecke von Kashgar in der Provinz Sinkiang nach Lhasa anzuheuern, die durch die 5000 Meter hohe Wildyaksteppe führt. Derartige Unternehmen beweisen allerdings weniger Mut als Leichtsinn und Verantwortungslosigkeit, in zweierlei Hinsicht. So bringen die Touristen den LKW-Fahrer in Gefahr, der sich möglicherweise aus Gutwilligkeit oder um sein bescheidenes Gehalt aufzubessern, darauf eingelassen hat. In einigen Fällen erhielten Fahrer, deren illegale Begleiter entdeckt wurden, Geldstrafen, die ihr Jahreseinkommen weit übertrafen. Zudem birgt eine solche Tour tagelang bei bitterkalten Temperaturen durch menschenleere Einöde auch Gefahren für den Reisenden selbst. Immer wieder kursieren in Lhasa hartnäckige Gerüchte, wonach einige Touristen während einer solchen Fahrt auf der Ladefläche eines LKWs erfroren seien.

Der wohl schönste Landweg nach Lhasa wurde im März 1985 eröffnet, der Weg von Katmandu in Nepal. Die Bewältigung dieser Route dauert mindestens drei Tage, jedoch sollten Interessierte unbedingt mehr Zeit einplanen. Der Weg geht zunächst bis zum nepalesischen Grenzort Dram (Zhangmu), wo ein direkter Anschluß nicht immer gewährleistet ist. Zwischen dem tibetischen Grenzort Nyalam und der Hauptstadt liegen fünf Pässe sowie die beiden anderen wichtigen

Städte Shigatse und Gyantse. Diese Route verzeichnete bis Herbst 1987 sowie ab 1992 einen rapiden Anstieg von Reisenden.

So konnte es nicht lange dauern, bis auch Reiseunternehmen ihr Geschäft witterten. Die „Budget Tours" boten die Gesamtstrecke von Katmandu nach Lhasa in 12 Tagen an. In den Touristenhotels der tibetischen Hauptstadt finden sich häufig genug Reisewillige, um einen Bus für die Route in der entgegengesetzten Richtung zu chartern, so daß die Gruppe, da sie unabhängig von öffentlichen Transportmitteln ist, die Aufenthaltsorte sowie die Aufenthaltsdauer selbst bestimmen kann.

Der Aufenthalt in Lhasa

In Lhasa selbst, dem auch für Touristen unvermeidlichen Mittelpunkt des Landes, stehen Hotels jeder Kategorie und Preisklasse zur Verfügung. Rucksacktouristen und Einzelreisende, die auf Annehmlichkeiten verzichten können, wählen zumeist die typisch tibetischen Hotels im Stadtzentrum nahe des Jokhang-Tempels. Diese Hotels werden von tibetischem Personal geführt, doch müssen die Manager eng mit der chinesischen Sicherheitspolizei zusammenarbeiten. Im Yak-Hotel, dem wohl beliebtesten Billig-Hotel vor Ort, geht diese Zusammenarbeit weit über das unvermeidliche Maß hinaus. Nur wenige Reisende, die dort absteigen und sich in einer tibetischen Umgebung wähnen, ahnen, daß der Manager seit den sechziger Jahren überzeugtes Mitglied der Kommunistischen Partei ist und genau kontrolliert, ob in seinem Haus „separatistische Aktivitäten" entfaltet werden. Wer im Yak-Hotel allzu offen Bilder des Dalai Lama oder gar der tibetischen Flagge zeigt, muß damit rechnen, daß nachts die vom Manager gerufene Sicherheitspolizei zu einer Razzia erscheint. So weit geht die Kooperation mit den Besatzungsbehörden in den anderen Billig-Hotels nicht. Obwohl diese Hotels weder über fließend Wasser noch über Heizung verfügen, sind sie besser ausgelastet als die teuren Hotel-Neubauten; und jeder, der bereit ist, sich auf eine fremde Kultur einzulassen, wird kaum mit den anderen Unterkünften tauschen wollen. Zum körperlichen Wohlbefinden leisten so einfache Mittel wie Thermosflaschen mit heißem Wasser und warme Decken einen erstaunlichen Beitrag. Zudem sind diese Hotels ausgesprochen billig; die Preise liegen bei fünf bis acht DM pro Nacht.

Wer sich einen so einfachen Lebensstil nicht zumuten möchte oder aus gesundheitlichen Gründen nicht zumuten kann, der braucht auf internationalen Standard nicht zu verzichten. Die großen, in den letzten Jahren aus dem Boden gestampften Gebäude wie das Lhasa- und das Tibet-Hotel, die alle außerhalb des Stadtkerns liegen, sind mit Dusche, Heizung, Aufzug – der bisweilen nicht funktioniert – und Sauerstoffanlage ausgestattet. Allerdings haben sich auch die Preise dem internationalen Standard angepaßt. Sie liegen zwischen 40 und 200 DM. Von tibetischer Atmosphäre ist in diesen Hotels nichts zu spüren; das Personal besteht überwiegend aus Chinesen.

Die historisch wichtigen Orte in Lhasa wie der Jokhang, der Potala, der Norbulingka oder der Ramoche-Tempel, der im Norden der Stadt liegt, sind zu Fuß gut erreichbar. Für Fahrten in die Umgebung können sich sportlich aktive Touristen ein Fahrrad mieten und damit zum Beispiel die Klöster Drepung und Sera aufsuchen. Drepung liegt circa 10 Kilometer westlich und Sera 5 Kilometer nördlich des Zentrums. Wer bei knapp 4000 Meter Höhe nicht auf seine Muskelkraft vertraut, um zu diesen Klöstern zu gelangen, ist auf einen der recht unregelmäßigen Linienbusse angewiesen, oder er streckt mit jener unmißverständlichen Geste den Daumen heraus, die inzwischen auch in Tibet bekannt ist und zumeist nicht lange unbeantwortet bleibt. Tibetische Traktor- oder LKW-Fahrer in der Umgebung von Lhasa zeigen sich Fremden gegenüber ausgesprochen hilfsbereit. Zwar sehen die chinesischen Offiziellen Autostop nicht gern, doch drücken sie zumeist beide Augen zu.

Reise zu ferneren Zielen

Neben Fahrrad, Autostop oder öffentlichen Verkehrsmitteln, die alle erhebliche Abstriche vom europäischen Reisestandard verlangen, gibt es noch eine Art der Fortbewegung, die wohl am häufigsten in Anspruch genommen wird, denn sie ermöglicht den Besuch der abseits gelegenen kulturhistorisch bedeutsamen Stätten: Die Anmietung eines Jeeps samt Fahrer durch das chinesische Fremdenverkehrsbüro CITS oder einen privaten Anbieter. Wenn sich mehrere Personen eine solche Reise teilen, wird der Preis selbst für weniger gut Verdienende erschwinglich. Die angebotenen Autos sind zumeist in gutem Zustand, die Fahrer fast immer Chinesen. Dank der Autovermietung ist es auch ohne Sprachkenntnisse und Kontakte vor Ort möglich, Klöster wie Samye, Sakya, Tsurphu, Ganden oder das Yarlungtal, die Wiege der tibetischen Kultur, zu besuchen.

Reizvolle und mit öffentlichen Verkehrsmitteln erreichbare Ziele warten auch in Gyantse, das 264 Kilometer südwestlich von Lhasa liegt, und Shigatse, 354 Kilometer westlich der Hauptstadt. Die durch die Engländer 1904 zerstörte Burg von Gyantse wurde teilweise restauriert und zeigt Ausstellungsstücke der Invasion und des Widerstands. Shigatse wird von der Klosterstadt Tashi Lhunpo dominiert, wo im traditionellen Tibet der Panchen Rinpoche residiert hat. Tashi Lhunpo gehört zu den wenigen Baudenkmälern, die von den Zerstörungen nahezu unberührt geblieben sind. Seit 1992 gibt es eine direkte Verbindung Lhasa–Shigatse.

Sehr gut erhalten und leicht erreichbar ist auch das Kloster Atishas, Nethang. Es liegt an der vielbefahrenen Strecke von Lhasa nach Shigatse und Gonggar. Gerüchten zufolge hat die pakistanische Regierung das Kloster in den sechziger Jahren zu einem nationalen Kulturgut erklärt und damit vor der Vernichtung bewahrt. Atisha stammte nämlich aus Ostbengalen, das bis 1971 Ostpakistan war.

Zu den wichtigsten Zielen außerhalb Zentraltibets zählt das Kloster Kumbum in Amdo, heute Provinz Qinghai. Es wurde

Abb. 8: Blick auf die Klosterstadt Drepung. Das ehemals größte Kloster Tibets vor den Toren Lhasas ist heute eines der beliebtesten Touristenziele.

im 16. Jahrhundert am Geburtsort Tsongkhapas errichtet und heißt auch Kloster der 100 000 Buddha-Bilder.

Ebenso sind Reisen nach Westtibet sehr populär geworden. Das Kailash-Gebiet, der heilige Manasarovar-See oder die Ruinen der Klosterstadt Tsaparang zählen zu den gehobenen Zielen des Tibet-Tourismus.

Gesundheitliche Schwierigkeiten

Die Mobilität innerhalb Tibets hängt nicht nur von den Verkehrsmöglichkeiten und den finanziellen Aufwendungen ab, sondern auch von der körperlichen Leistungsfähigkeit. Nicht wenige Touristen, insbesondere wenn sie mit dem Flugzeug kommen und sich deshalb nicht allmählich an die Höhenluft gewöhnen können, verbringen einen beträchtlichen Teil ihres

Aufenthaltes krank im Bett. Die dünne Luft macht vor allem Menschen mit labilem Kreislauf zu schaffen. Die Konsequenzen, wie Kopfschmerzen, Übelkeit, körperliche Schwäche, Erbrechen, werden in Anlehnung an ihre Ursache als Höhenkrankheit bezeichnet. Besonders kritisch wird die Situation bei 5000 Metern und mehr, ein Punkt, den alle Überlandstraßen nach Lhasa erreichen. Die beste Maßnahme gegen die Höhenkrankheit ist sportliches Training im Vorfeld der Reise, um das allgemeine Wohlbefinden zu steigern und den Kreislauf zu stabilisieren. Ebenso wichtig ist regelmäßiges Trinken. Unter Kopfschmerzen leiden anfangs nahezu alle Tibetreisenden. Selbst scheinbar belanglose Umstände können die Leistungsfähigkeit und Widerstandskraft senken. So halten sich im Zentrum Lhasas nachts die Hunde durch Bellen warm – und damit gleichzeitig viele Reisende in den Billighotels wach.

Bereits im Frühjahr und verstärkt im Sommer droht eine andere Gefahr, die vielfach erst dann realisiert wird, wenn es zu spät ist: Sonnenbrand. Die Sonneneinstrahlung ist außerordentlich intensiv und hat schon manche böse Überraschung ausgelöst. Sonnencreme und Kopfbedeckung sollten also zur Ausrüstung jedes Tibetreisenden gehören; ebenso wie Pflaster, denn die Höhenluft läßt Wunden nur sehr schwer heilen.

Ernährung

In den Hotels der großen Städte hat sich das Essen dem europäischen Geschmack angepaßt. Besonderer Beliebtheit erfreut sich der Yakburger, die tibetische Version des bekannten, weltbeherrschenden Schnellgerichts. Wer auf Derartiges verzichten kann, wird von dem reichen Gemüseangebot angetan sein. Auf dem Markt gibt es neben einheimischem Käse und Butter ausgezeichneten frischen Joghurt.

Traditionelles tibetisches Essen wie Tsampa, Buttertee oder Chang werden Reisende eher in abgelegenen Gebieten zu Gesicht bekommen. Wer sich auf eine längere Überlandreise durch das Land begibt, sollte Trinkwasser, Kekse, Hartkäse und – sofern erhältlich – Brot und Obst nicht vergessen. Dazu eigenes Brennmaterial wie Gas oder Kerosin.

Sitten und Gebräuche

Zu einer guten Vorbereitung zählt auch eine nähere Auseinandersetzung mit den Sitten und Gebräuchen der Tibeter. Die tiefe Religiosität der Bewohner mag viele im westlich-abendländischen Denken aufgewachsene Touristen überraschen, vielleicht sogar befremden, doch sollte sie keinesfalls Anlaß zu Überheblichkeit und Arroganz sein – auch wenn manche chinesischen Reiseleiter eine solche Haltung fördern und die tibetischen Traditionen als Aberglauben darstellen. Die Religiosität zu respektieren bedeutet auch, die religiösen Riten zu achten. Nicht jeder Pilger, der den Jokhang umrundet, mag gern photographiert werden. Ein vorheriger Blickkontakt, um sich sozusagen das Einverständnis zu holen – das auch verweigert werden kann –, gehört zu den grundlegenden Regeln der Höflichkeit. Auch innerhalb der Tempel, wo die langen Reihen der Gläubigen unaufhörlich an den heiligen Statuen vorbeiziehen, geben Touristen mit den obligatorischen Kameras vor dem Bauch kein allzu schönes Bild ab, auch wenn die Tibeter viel zu höflich sind, um dagegen zu protestieren. Welcher christliche Priester ist schon begeistert, wenn Touristen während eines Gottesdienstes in die Kirche kommen und ungeniert am Altar photographieren? Zudem erscheint es auch nicht unbedingt notwendig, jedes Tabu zu brechen. So gilt es für die Tibeter als ausgesprochene Mißachtung ihrer Sitten, Photoaufnahmen von der Leichenzerstückelung bei der Himmelsbestattung zu machen. Es war bereits eine Konzession an das Bedürfnis der Touristen nach Spektakulärem, daß zeitweise überhaupt Besucher bei dieser Praxis geduldet wurden. Dennoch prahlen professionelle Globetrotter, die ihre Reisen anschließend in Multi-Media-Shows vermarkten, deren technischer Aufwand fast immer in auffälligem Gegensatz zum spärlichen Wissen der Vortragenden steht, gern mit solchen heimlich aufgenommenen Bildern.

Ein anderes Tabu ist der heilige Berg Kailash. Er liegt offiziell in einem für Einzelreisende verbotenen Gebiet, doch schließen sich immer wieder Reisende den Pilgerlastwagen an, die dorthin fahren. Einige Alpinisten warten nur darauf, daß die Chinesen den Startschuß für seine Besteigung geben. Für die Tibeter ist ein Aufstieg auf den Sitz der Götter ein frevelhafter Gedanke.

Insgesamt ist es für Tibettouristen unbedingt ratsam, vorher mit Exiltibetern und deren deutschen Freunden in Kontakt zu treten. Neben wichtigen Hintergrundinformationen können dabei auch praktische Tips herausspringen, die den Besuch auf dem Dach der Welt ungeachtet aller Schwierigkeiten zu einem unvergeßlichen Erlebnis machen.

XI. Tibet, Freilichtmuseum mit lebendem Inventar? – Ein Blick in die Zukunft

Zweifelhafte Entwicklungsmaßnahmen

Nur einen Tag nach dem Ausbruch der Unruhen Ende September 1987 wartete die chinesische Nachrichtenagentur Xinhua mit einer Erfolgsmeldung ganz eigener Art auf: In Lhasa sei das erste moderne Hallenbad Tibets mit einer konstanten Temperatur von 27 Grad, Solarium und Teehaus eröffnet worden. Gewöhnlichen Bürgern der Stadt stehe die Anlage ebenso zur Verfügung wie Touristen. Die Einweihung des Swimming-Pools war der Höhepunkt einer Entwicklung, die, wie der China-Korrespondent Johnny Erling in der Frankfurter Rundschau zutreffend kommentierte, „verriet, welch absurdes Mißverständnis zwischen Pekings Planern und den Tibetern inzwischen herrscht".

Ähnlich fehl am Platz ist eine moderne Sporthalle mit digitaler Zeitmessung, ein Kulturpalast mit kostspieliger Tontechnik sowie Bordelle und Discos. Mit der Öffnung des Landes hielten zudem Videokinos, in denen Kung Fu- und Supermanfilme die Renner sind, Cola- und Bierdosen, Nadelstreifenanzüge und Lederjacken Einzug. Diese Wahrzeichen einer Welteinheitskultur, die die Gleichheit aller Menschen auf eine doch eher zweifelhafte Art verwirklicht, sind mehr als nur äußere Symbole. Sie signalisieren einen schleichenden Wertewandel, dessen Ende offen ist.

Sicher werden die Traditionen nicht gänzlich verschwinden. Dafür sorgen neben den tiefen Wurzeln, mit denen sie in der Bevölkerung verankert sind, schon die Bedürfnisse der Touristen, die natürlich die unvermeidlichen Strapazen einer solchen Reise wegen der Faszination des geheimnisumwitterten, alten Tibet auf sich nehmen. Um die Bewahrung des Bildes vom traditionellen Tibet kümmern sich auch die Reiseveranstalter, denen es freilich ums Geschäft, nicht um ein wirkliches Verständnis der Tradition geht. So versuchen die Ikarus-Expeditionen, die sich auch in anderen Erdteilen durch eine rücksichtslose – und damit leider erfolgreiche – Vermarktung fremder Kulturen hervortun, ihre Kunden mit der „exotischen Zurückgebliebenheit" der Tibeter anzuziehen. Für eine solche Kundschaft reichen allemal Reservate der tibetischen Kultur in den großen und gut zugänglichen Orten. Freilichtmuseen mit lebendem Inventar auf der einen Seite, westliche Konsumgesellschaft auf der anderen – ist das die Zukunftsperspektive für Tibet?

Die Perspektiven der Tibeter

Die Tibeter im Exil wissen sehr wohl, daß es kein Zurück zu der Zeit vor 1950 geben wird. Ihre eigenen Reformansätze, die im 4. Kapitel dargestellt wurden, belegen denn auch, wie wenig es ihnen um die Restaurierung einer idealisierten Vergangenheit geht. Ihnen geht es jedoch um Einflußnahme auf die Entwicklung, die jetzt nur über sie hinwegrollt. Politische Selbstbestimmung, die nicht unbedingt staatliche Unabhängigkeit bedeuten muß, ist die Voraussetzung dafür, auch den kulturellen Bereich mitgestalten zu können. Für die Verwirklichung des Rechts auf Selbstbestimmung diskutieren junge Tibeter im Exil folgende Möglichkeiten:

1) Völkerrechtlich anerkannte Unabhängigkeit für das traditionelle Tibet einschließlich der Landesteile, die chinesischen Provinzen zugeordnet sind. Niemand im Exil macht sich Illusionen darüber, daß diese Möglichkeit in absehbarer Zeit nicht zur Debatte steht.

2) Unabhängigkeit für die Autonome Region Tibet und Autonomie für den Ostteil des traditionellen Tibet. Auch diese Perspektive ist derzeit nicht zu realisieren. Zudem trifft sie innerhalb des Exilgemeinden nicht auf uneingeschränkte Zustimmung, denn viele Tibeter im Ausland stammen aus Kham

Abb. 9: Alter Tibeter vor dem Kloster Ratta Gomba.

Abb. 10: Standbild des Reformators Tsongkhapa (r.) im Kloster Ratta Gomba. Links einer seiner Hauptschüler.

oder Amdo und zählen deshalb administrativ nicht zu den Bewohnern der Autonomen Region.

3) Autonomie für den gesamten tibetischen Kulturbereich. Bei einer solchen Lösung wären die Tibeter bereit, die chinesische Oberhoheit in Fragen der Außen- und Verteidigungspolitik einschließlich der Präsenz chinesischer Truppen zu akzeptieren. Dafür fordern sie die vollständige Souveränität über alle innenpolitischen Fragen, den Abzug der chinesischen Zivilisten, die nach 1951 in das Land gekommen sind, sowie die alleinige Entscheidungsbefugnis über die zukünftige Einwanderung chinesischer Siedler. Alle Chinesen im Land wären verpflichtet, Tibetisch als erste Amtssprache zu erlernen. Doch selbst diese – aus der Sicht der Tibeter – Mindestforderungen werden von den Chinesen nicht einmal als Verhandlungsgrundlage akzeptiert.

Möglicherweise bietet die Entwicklung im Exil Perspektiven für einen Wandel in Tibet in der Ära nach Deng Xiaoping. Seit der Niederschlagung der Studentenproteste auf dem Platz des Himmlischen Friedens vom Juni 1989 gibt es im Exil eine Annäherung von Tibetern und Chinesen. Zuvor betrachtete auch die chinesische Opposition Tibet als integralen Bestandteil Chinas. Aufgrund der eigenen traumatischen Erfahrung mit der Staatsmacht stellt sie die Tibet-Politik der Regierung in Peking zunehmend in Frage. So gestand der Dachverband des Exilchinesen, die „Föderation für ein Demokratisches China", in einem Manifest ein, „daß die chinesische demokratische Kraft den Willen der Tibeter nach Demokratie und Freiheit bislang ignoriert hat. Das Tibetproblem und die anderen Nationalitätenkonflikte müssen unter Wahrung der Menschenrechte, des Rechtssystems, der Freiheit und Demokratie gelöst werden".

Der Dalai Lama entwarf seine Zukunftsversion von einem unabhängigen Tibet in der Dankesrede zur Verleihung des Friedensnobelpreises. Dort erklärte er unter anderem:

„Natürlich ist materieller Fortschritt wichtig für die Entwicklung des Menschen. In Tibet haben wir uns viel zu wenig um den technischen und wirtschaftlichen Fortschritt gekümmert, und heute merken wir, daß es ein Fehler war. Andererseits kann materielle Entwicklung ohne eine spirituelle Entwicklung ebenfalls ernste Probleme schaffen. In einigen Ländern widmet man äußerlichen Dingen zuviel Aufmerksamkeit, der inneren Entwicklung wird dagegen wenig Beachtung beigemessen. Ich glaube, daß beide Hand in Hand gehen müssen, um einen ausgeglichenen Zustand zu erreichen. ... Mein Traum ist es, die gesamte tibetische Hochebene in ein freies Sanktuarium umzuwandeln, in dem Menschen und Natur in Frieden miteinander leben können. Tibet wäre ein Ort, an dem Menschen aus aller Welt nach der wahren Bedeutung des inneren Friedens suchen können, weit entfernt von den Spannungen und dem Druck des größten Teils der übrigen Welt. Tibet könnte in der Tat ein kreatives Zentrum für die Förderung und Entwicklung des Friedens werden ..."

Anhang

Zeittafel

ca. 50 000 v. Chr.	Erste Besiedlung Tibets aus dem Nordosten durch nomadisierende Völker mongolischen Ursprungs.
ca. 2500 v. Chr.	Seßhaftwerdung im Osten; Herausbildung von Ackerbaukulturen.
563 v. Chr.	(nach südasiatischer Zählung 544) Geburt Buddhas in Nordindien.
528 v. Chr.	Erleuchtung Buddhas.
2. Jh. v. Chr.	Entstehung lokaler Fürstentümer; Verbreitung der Bön-Religion.
127 v. Chr.	Erster sagenhafter König der Yarlung-Dynastie: Nyatri Tsenpo. Herausbildung der tibetischen Kultur im Tal des Tsangpo (Brahmaputra).
ca. 20 n. Chr.	Spaltung des Buddhismus in Hinayana und Mahayana; aus dem Mahayana entsteht später als Sonderform der Vajrayana oder tantrische Buddhismus.
ca. 580–620	König Namri Songtsen, erster historisch faßbarer König der Yarlung-Dynastie.
620–649	König Songtsen Gampo, Gründer des tibetischen Großreichs; Aufbau der Hauptstadt Lhasa; enger Kontakt mit dem Buddhismus aufgrund der Heirat mit den buddhistischen Prinzessinnen Bhrikuti aus Nepal und Wen Cheng aus China.
649–676	König Mangsong Mangtsen; Eroberungen im Westen und Nordwesten.
715	Kontakt mit den arabischen Eroberern.
755–797	König Trisong Detsen, erfolgreicher Kriegsherr und Förderer des Buddhismus.
763	15tägige Besetzung der chinesischen Hauptstadt Changan (Xian).
ca. 770	Gründung des ersten buddhistischen Klosters und der Nyingmapa-Schule durch den ind. Missionar Padmasambhava, der den tantrischen Buddhismus vertritt.
779	Erhebung des Buddhismus zur Staatsreligion.
797–799	Sozialreformerischer König Mune Tsenpo; vermutlich auf Geheiß seiner Mutter ermordet.

799–816	König Tride Songtsen.
816–836	König Ralpachen, besonderer Förderer des Buddhismus.
821	Friedensvertrag mit China.
836	Ermordung Ralpachens durch Anhänger der Bön-Religion.
836–842	König Langdarma; Buddhistenverfolgung; Renaissance der Bön-Religion.
842	Ermordung Langdarmas durch buddhistischen Mönch; Ende des tibetischen Königtums; Verfall des Reiches; rivalisierende Provinzfürsten.
866	Wiederbelebung des Buddhismus in Westtibet.
958–1054	Atisha, bedeutender buddhistischer Gelehrter aus Indien; Missionstätigkeit in West- und Zentraltibet; Gründung der Kadampa-Schule durch seinen Nachfolger Drontön.
1012–1090	Marpa, erster einheimischer Lehrer des Vajrayana-Buddhismus; Gründung der Kagyüpa-Schule.
1040–1123	Milarepa, Schüler Marpas und bedeutender Mystiker, Yogi, Dichter und Sänger.
1073	Gründung der Sakyapa-Schule in Südtibet, die über ein Jahrhundert die Vorherrschaft ausübt.
1079–1153	Gampopa, Schüler Milarepas; Aufspaltung der Kagyüpa in vier Linien; aus einer gehen acht weitere hervor.
1206	Vereinigung der mongolischen Stämme unter Dschingis Khan.
1247	Sakya-Abt Pandit Künga Gyaltsen am Hof des Mongolenherrschers Göden; Beginn der Mongolenmission.
1260	Ernennung des Sakya-Abtes Drogen Phagpa Lodrö zum Herrscher über Tibet durch Mongolenfürst Kublai Khan; tibetisch-mongolischer Pakt.
1275–1292	Aufenthalt des venezianischen Kaufmannssohnes Marco Polo am Hof Kublai Khans.
1279–1368	Herrschaft der mongolischen Yuan-Dynastie über China.
13./14. Jh.	Machtkämpfe zwischen rivalisierenden Fürstentümern und Klöstern.
1357–1419	Tsongkhapa, Reformator und Gründer der Gelugpa-Schule, in der die Kadampa aufgeht.
1391–1475	Gedün Drubpa, Neffe und Lieblingsschüler Tsongkhapas; nachträglich zum 1. Dalai Lama ernannt.
1409–1419	Gründung der Gelugpa-Klöster Ganden, Drepung und Sera, die zu den drei Säulen des theokratischen Staates werden.
1543–1587	Sonam Gyatso, Abt von Drepung.

1577	Aufenthalt Sonam Gyatsos am Mongolenhof; Fortsetzung der Missionsarbeit; Erneuerung des Paktes zwischen Tibetern und Mongolen.
1578	Ernennung Sonam Gyatsos zum Dalai Lama (Meer des Wissens oder Lehrer des Weltmeers).
1617–1680	5. Dalai Lama; Etablierung der Gelugpa-Herrschaft unter dem Schutz der Mongolen; Ernennung seines Lehrers Lobsang Chökyi Gyaltsen zum Panchen Rinpoche.
1644–1912	Herrschaft der mandschurischen Qing-Dynastie in China.
1661	Johan Grueber und Albert d'Orville erste Europäer in Lhasa.
1706	Machtergreifung der Koshot-Mongolen in Tibet.
1707–1745	Missionsstationen der Kapuziner und Jesuiten.
1717	Einfall der westmongolischen Dsungaren; große Zerstörungen.
1720	Vertreibung der Dsungaren durch Mandschu-Soldaten; wachsender chinesischer Einfluß.
1750	Anti-chinesischer Aufstand in Lhasa.
1774	Britische Handelsmission in Shigatse.
1788, 1792 u. 1856	Einfälle nepalesischer Gurkhas.
1839	Opiumkrieg, militärische Niederlage der Chinesen gegen die Engländer; allmählicher Machtverfall der Qing-Kaiser.
1876–1933	13. Dalai Lama.
1904	Britische Militärexpedition in Lhasa, um Kontakte mit dem Zarenhof in Petersburg zu unterbinden; Flucht des Dalai Lama in die Mongolei und nach Peking.
1909	Rückkehr des Dalai Lama nach Lhasa.
1910	Erneute Flucht des Dalai Lama vor anrückenden chinesischen Truppen nach Darjeeling/Nordindien.
1912	Vertreibung der letzten chinesischen Truppen aus Lhasa und Rückkehr des Dalai Lama.
1913–1950	De facto Unabhängigkeit Tibets; Reformversuche im Innern; zahlreiche Besuche europäischer Forscher.
1935, 6. Juli	Geburt des 14. Dalai Lama.
1949, 1. Okt.	Ausrufung der Volksrepublik China durch Mao Tsetung.
1950, 7. Okt.	Einmarsch der Volksbefreiungsarmee in Tibet.
1951, 23. Mai	17-Punkte-Abkommen, womit tibetische Vertreter unter Druck ihre Unabhängigkeit aufgeben, aber weitreichende Autonomie zugestanden bekommen.
1951, 9. Sept.	Eintreffen der Volksbefreiungsarmee in Lhasa.
1954, Okt.	Dalai Lama und Panchen Rinpoche in Peking.
1959, 10. März	Volksaufstand gegen die Chinesen in Lhasa.

17. März	Flucht des Dalai Lama nach Indien; in der Folgezeit bis zur Kulturrevolution Zerstörung von etwa 80 Prozent der Tempel und Klöster.
1963, 10. März	Verkündigung einer provisorischen Verfassung durch den Dalai Lama im Exil.
1965, 9. Sept.	Proklamierung der Autonomen Region Tibet, die nur etwa die Hälfte des traditionellen Siedlungsgebiets umfaßt.
1966, Aug.	Große Proletarische Kulturrevolution; Verschärfung des Terrors gegen die Tibeter; Zerstörung nahezu aller noch verbliebener Tempel und Klöster; Zwangskollektivierung in der Landwirtschaft, dadurch Ausbruch von Hungersnöten.
1976, 8. Sept.	Tod Maos; Entmachtung der „Viererbande" in der Tradition der Kulturrevolution.
1979	Allmähliche Liberalisierung in Tibet und zaghafte Öffnung des Landes.
Aug.	Erste von vier Delegationen des Dalai Lama.
1980, Juni	Besuch des KP-Generalsekretärs Hu Yaobang in Tibet; Ankündigung weiterer Liberalisierungsmaßnahmen.
1980–1982 u. seit 1984	Abgabenfreiheit für die Bauern; spürbare Verbesserung der Ernährungssituation.
1985	Öffnung für den Massentourismus.
1986	Erstes Hotel mit internationalem Management (Holiday Inn) in Lhasa
1987, 21. Sept.	Bericht des Dalai Lama vor dem Menschenrechtsausschuß des US-amerikanischen Parlaments.
1. Okt.	Demonstrationen von mehreren tausend Menschen; Sturm der Polizeiwache; Straßenschlachten.
5. Okt.	Hilfsappell tibetischer Mönche an die UNO.
7. Okt.	Unruhen in Shigatse; endgültige Niederschlagung des Aufstands in Lhasa.
1988, 5. März	Erneut schwere Unruhen, ausgelöst angeblich durch die Nachricht vom Tod des Mönchs Geshe Lobsang Wangchuk, mindestens dreißig Tote und mehrere Dutzend Verletzte.
15. Juni	Erklärung des Dalai Lama, er sei bereit, die chinesische Hoheit in Fragen der Außen- und Verteidigungspolitik anzuerkennen.
1989, 28. Jan.	Tod des Panchen Rinpoche in Shigatse.
März	Verhängung des Kriegsrechts in Lhasa nach Massenprotesten.
Juni	Massaker auf dem Platz des Himmlischen Friedens in Peking.

Dez.	Verleihung des Friedensnobelpreises an den Dalai Lama.
1990	Entwicklungsplan „Lhasa 2000"; massive Ansiedlung von Chinesen und Zerstörung tibetischer Städte.
Mai	Aufhebung des Kriegsrechts in Lhasa.
Okt.	Empfang des Dalai Lama durch Bundespräsident von Weizsäcker.
1991, April	Massenverhaftungen im Vorfeld der Feier zum 40. Jahrestag des „17-Punkte-Abkommens".
1992, Feb.	Angeblicher Selbstmord des Mönches Jampa Tenzin, eines der Anführer der Demonstration von 1987.
1993, März	Unruhen nahe des Klosters Labrang (Amdo) zwischen Tibetern und muslimischen Siedlern.
Mai	Erneute Demonstrationen in Lhasa.
Juni	Verhaftung der Nonnen „Gari 14"; Ausschluß des Dalai Lama von der UN-Menschenrechtskonferenz in Wien.
1994, April	Ausschreitungen gegen Exiltibeter im nordindischen Dharamsala.
Aug.	Wiedereröffnung des renovierten Potala-Palastes.
1995, Feb.	Sturm des Nalanda-Klosters durch chinesische Polizei.
14. Mai	Anerkennung des neuen Panchen Rinpoche durch den Dalai Lama; Proteste Chinas.
18. Mai	Entschließung des Europäischen Parlaments zu Tibet.
1995, 19. Juni	Tibet – Anhörung im Auswärtigen Ausschuß des Bundestages.
Sept.	4. Weltfrauenkonferenz in Peking.
Dez.	China inthronisiert einen eigenen Kandidaten als Panchen Rinpoche.

Weiterführende Literatur

Albers und Fuchs (Hg.): Vom Dach der Welt. Tibeter in der Schweiz, Zürich 1995
Allione, Tsültrim: Tibets weise Frauen, München 1986
Aschoff, Jürgen C.: Tibet, Nepal und der Kulturraum des Himalaya, CH-Dietikon 1992
Asia Watch (Hg.): Human Rights in Tibet, Washington 1988
Avedon, John: In Exile from the Land of Snows, London 1985
Badamajeff, Wladimir: Lung Tripa Bäkan: Grundzüge der tibetischen Medizin, Ulm 1994
Bach, Claus-Peter: Mustang, Wiesbaden 1993
Bass, Catriona: Der Ruf des Muschelhorns, Reinbek 1992

Batchelor, Stephen: The Tibet Guide, London 1987
Baumann, Bruno: Die Götter werden siegen, München 1991
ders.: Mustang. Das verborgene Königreich im Himalaya, München 1993
Bell, Charles: Tibet einst und jetzt, Leipzig 1925
Bogle, George: Im Land der lebenden Buddhas. Entdeckungsreise in das verschlossene Tibet, Stuttgart 1984
Borromée, Antoine/Dagpo, Rinpoche: Der Dalai Lama. Weltliche und spirituelle Macht, München 1984
Brauen, Martin (Hg.): Peter Aufschnaiter. Sein Leben in Tibet, Innsbruck 1983
Brück, Michael von: Denn wir sind Menschen voller Hoffnung. Gespräche mit dem XIV. Dalai Lama, München 1988
Brück, Regina u. Michael von: Ein Universum voller Gnade. Die Geisteswelt des tibetischen Buddhismus, Freiburg 1987
Chan, Victor: Tibet Handbook. A Pilgrimage Guide, Chico (USA) 1994
Craig, Mary: Tränen über Tibet, München 1993
Dalai Lama XIV: Mein Leben und mein Volk. Die Tragödie Tibets, München 1962
ders.: Das Auge der Weisheit: Grundzüge der buddhistischen Lehre für westliche Leser, Bern 1975
ders.: Logik der Liebe, München 1986
ders.: Das Buch der Freiheit, Bergisch Gladbach 1990
ders.: Sehnsucht nach dem Wesentlichen, Freiburg 1993
Das, Vijay M.: Die Rolle Tibets in den chinesisch-indischen und chinesisch-amerikanischen Beziehungen 1949–1954, München (tuduv-Studien) 1986
David-Néel, Alexandra: Heilige und Hexer: Glaube und Aberglaube im Land des Lamaismus, Wiesbaden [2]1984
dies.: Mein Weg durch Himmel und Höllen. Über das Dach der Welt in das verbotene Land Tibet, Bern 1986
Dowman, Keith: Der heilige Narr. Das liederliche Leben und die lästerlichen Gesänge des tantrischen Meisters Drugpa Künleg, München 1984
Du (Zeitschrift für Kultur): Tibet. Der Lange Weg, Zürich 1995
Epstein, Israel: Tibet Transformed, Beijing 1983
Erffa, Wolfgang v.: Das unbeugsame Tibet, Osnabrück 1992
Essen, Gerd-Wolfgang/Thingo, Tsering Tashi: Die Götter des Himalaya. Buddhistische Kunst in Tibet, München 1989
Everding, Karl-Heinz: Tibet, Köln 1993
Först, Hans: Tibet, CH–Olten 1989
Forbes, Ann/McGranahan, Carole: Developing Tibet? A Survey of International Development Projects, Washington 1992
Ford, Robert: Captured in Tibet, Oxford 1990
From Liberation to Liberalisation: Views on ‚liberated' Tibet, Dharamsala 1982
Galland, China: Grüne Tara und schwarze Madonna, Düsseldorf 1993

Gelder, Stuart u. Roma: Visum für Tibet. Eine Reise in das geheimnisvollste Land der Erde, Düsseldorf 1965
Geo Special: Himalaya, Hamburg 1988
Gerner, Manfred: Schneeland Tibet, Frankfurt 1981
ders.: Architekturen im Himalaya, Stuttgart 1987
Gesellschaft für bedrohte Völker u. Verein der Tibeter in Deutschland (Hg.): Tibet – Traum oder Trauma?, Göttingen 1987
Goldstein, Melvyn/Beall, Cynthia: Die Nomaden Westtibets, Nürnberg 1991
Govinda, Lama Anagarika: Grundlagen tibetischer Mystik, Bern [5]1982
Grieder, Peter: Tibet. Land zwischen Himmel und Erde, CH–Olten 1990
Grobe-Hagel, Karl: Hinter der großen Mauer. Religionen und Nationalitäten in China, Frankfurt 1991
Grueber, Johan: Als Kundschafter des Papstes nach China 1656–1664, Stuttgart 1985
Grundfeld, Tom A.: The Making of Modern Tibet, London 1987
Gyaltag, Gyaltsen: Tibet einst und heute, CH–Rikon 1979
Harrer, Heinrich: Sieben Jahre in Tibet, Frankfurt 1962
ders.: Wiedersehn mit Tibet, Frankfurt/Innsbruck 1983
Heberer, Thomas: Nationalitätenpolitik und Entwicklungspolitik in den Gebieten nationaler Minderheiten in China, Universität Bremen 1984
Hedin, Sven: Transhimalaya. Entdeckungen und Abenteuer in Tibet, Leipzig 1909
Henss, Michael: Tibet: Die Kulturdenkmäler, Zürich 1981
Hermanns, Matthias: Das Nationalepos der Tibeter Gling König Gesar, Regensburg 1965
Hicks, Robert/Chögyam, Ngakpa: Weiter Ozean. Der Dalai Lama, Essen 1985
Hoffmann, Helmut: Die Religionen Tibets, Freiburg/München 1956
ders.: Tibet. A Handbook, Bloomington 1975
Hopkins, Jeffrey/Chöpel, Gedün: Tibetan Arts of Love, Ithaca (USA) 1992
Hopkirk, Peter: Der Griff nach Lhasa, München 1989
Internationale Juristenkommission: The Question of Tibet and the Rule of Law, Genf 1959
dies.: Tibet and the Chinese People's Republic, Genf 1960
John, Gudrun: Mustang, Hamm 1993
Johnson, R./Moran K.: Kailash – Auf Pilgerfahrt zum heiligen Berg Tibets, München 1990
Kelly, Petra K./Bastian, Gert (Hg.): Tibet – ein vergewaltigtes Land, Reinbek 1988
Kelly, Petra/Bastian, Gert/Ludwig, Klemens: Tibet klagt an, Wuppertal 1990
Lehmann, Peter Hannes/Ullal, Jay: Tibet. Das stille Drama auf dem Dach der Erde, Hamburg 1981

Leisner, Regine: Das Denken umwandeln. Erklärungen zur Lanjong-Praxis, Langenfeld 1994

Levenson, Claude: Dalai Lama. Die autorisierte Biographie des Nobelpreisträgers, Zürich 1990

Lhalungpa, Lobsang P.: Tibet. The Sacred Realm. Photographs 1880–1950, New York 1983

Ludwig, Klemens: Tibet. Glaube gegen Gewehre, Essen 1991

Mi Sherwa: Viel Steine gabs und wenig Brot. Eine Sherpa-Tochter erzählt, Bad Honnef (DSE) 1994

Müller, Claudius/Raunig, Walter: Der Weg zum Dach der Welt, Frankfurt 1982

Norberg-Hodge, Helena: Leben in Ladakh, Freiburg 1993

Norbu, Dawa: Red Star over Tibet, London 1974

Norbu, Jamyang (Hg.): Warriors of Tibet and the Khampas' Fight for the Freedom of their Country, London 1987

Norbu, Thubten Jigme: Tibet – Verlorene Heimat, Wien/Berlin/Frankfurt 1960

Norbu, Thubten/Turnbill, Colin: Mein Tibet, Wiesbaden 1971

Paljor, Kunsang: Tibet. The Undying Flame, Dharamsala 1977

Peissel, Michel: Königreiche im Himalaya. Die Welt der tibetischen Kultur, A-Wörgl 1985

Perkings, Jane/Rai, Raghu: Tibet in Exile, San Fransisco 1991

Poncar, Jaroslav/Keay, John: Tibet. Tor zum Himmel, Köln 1988

Poncheville, Marie Jaoul de: Sieben Frauen in Tibet, Köln 1991

Rabten, Gesche: Mönch in Tibet. Leben und Lehren des Meditationsmeisters Gesche Rabten, Hamburg ²1986

ders.: Das Buch vom heiligen Leben, vom Tod und der Wiedergeburt, Freiburg 1985

Richardson, Hugh E.: Tibet – Geschichte und Schicksal, Frankfurt, Berlin 1964

Saalfrank, Eva: Tibetischer Buddhismus in Deutschland. Eine empirische Studie am Beispiel der Karma-Kagyü-Schule, Universität Tübingen 1987

Schäfer, Ernst: Über den Himalaya ins Land der Götter, Braunschweig 1950

Schenk, Amelie: Schamanen auf dem Dach der Welt, Graz 1993

Schüttler, G.: Die letzten tibetischen Orakelpriester, Wiesbaden 1971

Senanayake, R. D.: Tibet – Beispiel für die friedliebende Politik der Volksrepublik China, Münster ³1973

Shakabpa, Tsepon, W. D.: Tibet. A Political History, New Haven/London 1967

Shen, Tsung-lien/Shen-chi Lin, Tibet and the Tibetans, Stanford 1953

Shiromany, A. A. (Hg.): The Spirit of Tibet. Universal Heritage. Selected Speeches and Writing of HH The Dalai Lama XIV, New Delhi (Friedrich Naumann Stiftung) 1995

Snellgrove, David/Richardson, Hugh E.: A Cultural History of Tibet, London 1968

Snellgrove, Peter: Indo-Tibetan Buddhism. Indian Buddhists and their Tibetan Successors, London 1986

Sogyal Rinpoche: Das tibetische Buch vom Leben und Sterben, München 1993

Starrach, Helmut: Mustang, das geheimnisvolle Königreich, Künzelsau 1993

Steckel, Helmut (Hg.): Tibet – Eine Kolonie Chinas, Hamburg 1993

Stein, R. A.: Tibetan Civilization, London 1972

Suyin, Han: Chinas Sonne über Lhasa. Das neue Tibet unter Pekings Herrschaft, Bern/München 1978

Taring, Rinchen Dolma: Eine Tochter Tibets. Leben im Land der vertriebenen Götter, Hamburg/Düsseldorf 1972

Taylor, Michael: Mythos Tibet. Entdeckungsreisen von Marco Polo bis Alexandra David-Néel, Braunschweig 1988

Thubten Ngawang, Geshe: Genügsamkeit und Nichtverletzen. Natur und spirituelle Entwicklung im tibetischen Buddhismus, Freiburg 1995

Tibet. Gestern und Heute, Peking 1984

Tibet Initiative Deutschland (Hg.): Tibet. Zerstörung einer Hochkultur, Hamburg 1991

Tibet Under Communist Rule, Dharamsala 1976

Tibetans in Exile, 1959–1969, Dharamsala 1969

Tibetans in Exile, 1969–1980, Dharamsala 1981

Tucci, Giuseppe: Tibet, München 1973

Tucci, Giuseppe/Heissig, Walter: Die Religionen Tibets und der Mongolei, Stuttgart 1970

Tüting, Ludmilla (Hg.): Menschen, Bäume, Erosionen. Kahlschlag im Himalaya, Löhrbach 1987

dies.: HB Bild Atlas Special, Himalaya, Hamburg 1994

Uhlig, Helmut: Tibet. Ein verbotenes Land öffnet seine Tore, Bergisch Gladbach 1986

Van Walt Van Praag, Michael: The Status of Tibet. History, Rights and Prospects in International Law, New York 1987

Weyer, Helfried: Tibet. Wahrheit und Legende, Karlsruhe 1982

Weyer, Helfried/Aschoff, Jürgen C.: Tsaparang – Tibets großes Geheimnis, Freiburg 1987

ders.: Tibet. Der stille Ruf nach Freiheit, Freiburg 1988

Willis, Janice D. (Hg.): Femine Ground. Essays on Women and Tibet, Ithaca (USA) 1990

Winkler, Daniel: Die Waldvegetation in der Ostabdeckung des tibetischen Hochlands, Berlin 1994

Woodman, Dorothy: Himalayan Frontiers, New York 1969

Zoratto, Bruno: Inferno Tibet, Böblingen 1990

Zeitschriften

Chödzong, hg. v. d. Buddhistischen Zentrum Langenfeld
Lotusblätter, Zeitschrift für Buddhismus, hg. v. d. Deutschen Buddhistischen Union – Buddhistische Religionsgemeinschaft, München
Pogrom, hg. v. d. Gesellschaft für bedrohte Völker, Göttingen
Tibet Forum, hg. v. d. Verein der Tibeter in Deutschland, Bonn
Tibet und Buddhismus, hg. v. d. Tibetischen Zentrum, Hamburg
Tibetan Bulletin, hg. v. d. Information Office, Central Tibetan Secretariat, Dharamsala, Indien
Tibetan Review, New Delhi

Adressenliste

Deutsch-Tibetische Kulturgesellschaft, c/o Norbu, Fritz Pullig Str. 28; 53757 St. Augustin
Gesellschaft Schweizerisch-Tibetische Freundschaft, Kreuzstr. 39; CH–8008 Zürich
Gesellschaft Save Tibet, Hermanngasse 5/1/2/16; A–1070 Wien
Office of Tibet, Off. Vertretung der Exilregierung für Mitteleuropa, Waffenplatzstr. 10; CH–8002 Zürich
Tibet Informations Service, Florastr. 22; 40764 Langenfeld
Tibet Initiative Deutschland, Bullmannaue 1; 45327 Essen
Tibet Initiative München, Nordendstr. 7a; 80799 München
Tibetisches Zentrum, Hermann-Balk-Str. 106; 22147 Hamburg
Verein der Tibeter in Deutschland, Postfach 2531; 53015 Bonn

Bild- und Kartennachweis

Abb. 1, 10: Klemens Ludwig
Abb. 2–6, 8, 9: Christa Stolle
Abb. 7: Roland Prior

Karte: Tibets Aufteilung durch die Volksrepublik China
  Unter Verwendung von Material der Tibet Initiative Deutschland
  © Verlag C. H. Beck (1996).

Register

Abholzung 81 f., 142
Abtreibung 92 ff.
Adel 50, 56 f., 59 f., 161
Adler, Christian 141
Agra 124
Alkohol 46
Altan Khan 50
Ambane (chines. Gesandte) 56, 65 f., 127, 129
Amdo 10, 14, 20, 27, 30, 47, 60, 69, 75, 83, 87, 91, 93, 99 f., 122 f., 150
Ananda 34
Andersson, Jan 143
Andrade, Antonio de 121
Arbeitsmarkt 94 ff.
Arvik, Egil 89
Assam 19
Atisha 40, 43, 105, 150, 161
Atommüll 84 f.
Atomwaffen 83 f.
Aufschnaiter, Peter 9, 134, 139 f.

Balk, Michael 68
Bangalore 115
Bangla Desh 82
Batang 99 f.
Bell, Sir Charles 137
Bengalen 32 f., 67, 12615
Berlusconi, Silvio 89
Besatzung, chinesische 8 f., 60 f., 71 ff., 83–87, 140, 162 f.
Bhrikuti, nepal. Prinzessin 31 f., 143, 160
Bihar 32
Bircher, Ralph 19
Birendra, nepal. König 143
Birma 19

Bodenschätze 15, 82 f.
Bodhisattva 27 f., 34 f., 129
Bogle, George 126 ff., 137
Bonn 10, 118, 144
Bothia 18 f.
Braumann, Franz 124
Budapest 13
Buddha (Siddharta Gautama) 25, 31, 33 f., 72, 108, 160
Burjaten 133
Bush, George 89, 143
Buthan 15, 35, 52, 110, 114, 126
Butön 46

CAAC (chines. Fluglinie) 146
Cabral, João 121
Cacella, Estevao, 121
Canberra 113
Carter, Jimmy 92, 143
Chadrel Rinpoche 108
Chamdo 70
Changan (Xian) 33, 160
Chengdu 71, 108, 144, 146 f.
China 23, 35, 54, 64 f., 67–71, 88 f., 101, 111, 158, 161 f., 164; s. a. Besatzung
Chumbi 70, 133, 137
CITS (staatl. chines. Reisebüro) 144, 150
Clinton, Bill 89

Da Qaidam 84
Dagyab 79
Dalai Lama (allg.) 40, 49, 54 f., 57, 66, 71, 102
– (I.) 49, 161
– (II.) 49
– (III.) 50, 161 f.

– (V.) 51–55, 65, 162
– (XIII.) 56–59, 69, 83, 133, 137, 162
– (XIV.) 8, 10, 25, 60 f., 70 f., 73 ff., 80, 85, 88 ff., 102 ff., 107 f., 110, 112, 114, 139, 144, 158 f., 162 ff.
Darjeeling 58, 129, 136, 138, 162
David-Néel, Alexandra 9, 134–137
Davis, Samuel 128
Delingha 84
Deng Xiaoping 89, 91, 158
Denpa 19
Desheripgay 126
Desideri, Ippolito 125
Deutsche Tibethilfe 119
Deutschland 117 ff., 129 f.
Dharamsala 110, 115, 164
Diener Matthäus 122, 124
Diestel, Bernhard 122
Dram (Zhangmu) 147
Drogas 57
Drogen Phagpa Lodrö 45, 161
Dromo 67
Drontön 40, 161
Dschingis Khan 44, 161
Dsungaren 55, 65, 125, 162
Dynastie, Ming- 65
–, Qing- 54, 56, 58, 65 f., 69, 121, 143, 162
–, Song- 64
–, Tang- 62 ff.
–, Yarlung- 63 f., 160
–, Yuan- 62, 64 f., 161

Ehe 24
Einkommen 78
England 58, 66–69, 117, 126, 128, 131, 133, 162
Erling, Johnny 155
Europäische Union 101, 164

Exiltibeter 80, 88, 106, 109–119, 156, 158, 164

Familie 24, 26, 92
Fergana 32 f.
Filchner, Wilhelm 139
Frauen 24 ff., 28, 92 ff., 138 f.
Freud, Sigmund 23
Freye, Manoel 125

Gabet, Joseph 129
Gampopa 41, 161
Ganges 15, 82
Gansu 75
Gartok 67
Garze 88
Gedün Chöphel 59
– Drubpa s. Dalai Lama (I.)
– Gyatso 49, s. a. Dalai Lama (II.)
Gefangene, politische 75, 106 f.
Gelbmützen s. Schule, Gelugpa-
Gelder, Stuart 140
Genf 89, 113
Gesar 28 f.
Geshe Lobsang Wangchuk 86, 163
Ghusri Khan 51, 55
Giscard d'Estaing, Valerie 143
Göden Khan 44, 161
Gonggar 150
Gormo (Golmund) 147
Gruber, Ulrich 16
Grueber, Johan 122 ff., 162
Guge 39 f.
Gulab Singh 20
Gurkhas 57, 162
Guru 133
Gyaltsen Gyaltag 116
Gyantse 21, 58, 67, 99 f., 132 f. (Abb.), 136, 138, 148, 150
Gyurme Namgyäl 66

Hamilton, Alexander 126 f.
Han Suyin 140
Harrer, Heinrich 9, 134, 139 f.
Hastings, Warren 126, 128, 131
Havel, Václav 89
Heath, Edward 143
Hedin, Sven 99, 128, 134 ff.
Henss, Michael 63
Herodot 120
Herrnhuter 129 ff.
Hillary, Edmund 18
Himalaya 8, 12–15, 18, 51, 124, 142
Hinayana (Theravada) 35, 160
Hoffmann, Ernst Lothar s. Lama Anagarika Govinda
Hu Yaobang 78, 163
Huc, Evariste 129
Hui 87
Hungersnöte 74, 77 f., 163
Hunza 19

Import 100
Indien 15, 18 f., 23, 31, 34, 36, 38, 58, 60, 69, 71, 73, 83, 110, 119, 124, 129, 133, 135, 140, 162
Indus 15, 82
Industrie 79
Infrastruktur 30, 58, 71, 79, 94, 142, 148 f.
Inkarnation 42 f., 108, 128
Irland 111

Jampa Tenzin 164
Jäschke, Heinrich August 130
Jesuiten 121–125, 162
Jetsun Pema Gyalpo 114
Jin Cheng, chines. Prinzessin 63
Johannes, Priesterkönig 120

Kalkutta 126 f.
Kanton 67

Kapuziner 121, 125, 162
Kaschmir 17, 19 f., 30, 32, 40, 139
Kashgar 32, 147
Katmandu 71, 113, 146 ff.
Kham 10, 14, 20, 28, 30, 69 f., 72, 75, 79, 81, 91, 99, 156
Khampa 17 f. (Abb.)
Khedrub Je 54
Khotan 71
Kirchner, Athanasius 124
Klöster 10, 23, 25, 36, 38, 40, 42–45, 48 f., 52, 56–59, 71, 73, 77 f., 80, 87, 105 f., 150 f. (Abb.), 157 (Abb.), 160 f., 163
Kohl, Helmut 84, 143
Kokonoor-See 32, 122
Kollektivierung 73, 76 f., 163
Kongpo 81
Körös, Alexander Csoma von 128 ff.
Krankheiten 22 f., 82, 152
Kriegsrecht 86 f., 163
Kublai Khan 45, 64, 121, 161
Kuhle, Matthias 13
Kulturrevolution, chines. 76 ff., 80, 163
Kumbum 136
Kunsthandwerk 115
Kyelang 129, 131
Kyichu 14, 31

Ladakh 19 f., 32, 35, 51 f., 57, 114, 128 ff., 134, 137, 139, 141
Lahul 131
Lama Anagarika Govinda 136 f.
Lama Dordscheff 133
Landwirtschaft 14 f., 21 (Abb.), 74, 76 ff., 100 f., 115
Langdarma, tibet. König 38, 40, 73, 161
Leh 128, 135
Lehmann, Peter Hannes 36, 124

Leichenzerstückelung 24, 107, 153
Lhari 108
Lhasa 9, 12, 14 f., 18 (Abb.), 21, 23, 31, 36, 49, 51 f. (Abb.), 55 f., 58, 62, 65 ff., 69–73, 78 (Abb.), 80, 86 f., 95–98, 106, 115, 121 ff., 125, 129, 133, 135, 138 f., 141 f., 144, 146–150, 155, 160, 162 ff.
Lhathothori Nyantsen, tibet. König 31
Lhazang Khan 55
Lobsang Chökyi Gyaltsen 53, 162
London 113
Lopa 19
Lorimer, D. 19
Losang Dragpa s. Tsongkhapa
Lützner, Hellmut 19

Magie 9, 23, 36, 39, 46, 48, 136
Mahayana 35 f., 40, 160
Major, John 89
Malaysia 111
Manasarovar-See 151
Mandschu 54 f., 58, 65–69, 162
Mangsong Mangtsen, tibet. König 32, 160
Manichäismus 26
Manning, Thomas 128
Mao Tsetung 70 f., 77, 80, 162 f.
Marpa 40 f., 161
McMahon, Sir Henry 69
Medizin 22 f.
Mekong (Langcang Jiang) 14, 82
Meldrogungkar 88
Menschenrechtsverletzungen 73, 76, 85 f., 92 ff., 111 f., 163
Milarepa 41, 161
Missionierung, buddhistische 26, 33, 35 f., 44, 62, 160 f.

–, christliche 121–125, 129 ff., 162
Mitterrand, François 89
Mongolen 14, 44 ff., 49, 51, 54 f., 64 f., 121, 161 f.
Mönpa 19
Moskau 113
Mune Tsenpo, tibet. König 37, 160

Nagchu 83, 108
Nakhi 19
Namling 79
Namri Songtsen, tibet. König 30, 160
Naropa 40 f.
Nehru, Jawaharlal 71
Nepal 15, 18 f., 23, 32, 35, 52, 82 f., 110, 119, 135, 140, 146 ff.
Nestorianer 120
New Delhi 113, 115
New York 113
Ngari 14 f., 20, 30
Nixon, Richard 111
Noel, John 137
Nomaden 17, 20, 22, 76, 78, 109, 142, 160
Nyalam 147
Nyatri Tsenpo, tibet. König 29, 160

Opiumkrieg 67, 162
Orakel von Nechung 53, 60
Orville, Albert d' 122 ff., 162
Ostindische Kompanie 126 f., 129

Padmasambhava 33, 35 f., 40, 160
Panam 100 f.
Panchen Rinpoche/Panchen Lama 53 f., 70 f., 73 ff., 105, 108, 126, 128, 134, 150, 162 f.

Pandit Künga Gyaltsen, Abt 44 f., 161
Paris 113
Peking 44, 54, 58, 65, 70, 73, 75, 108, 111, 122, 124, 128, 143, 162 ff.
Pema Thonden 76
Phagmodrupa 46
Phuntsog Wangyal 103
Polo, Marco 120 f., 161
Pordenone, Oderich von 121
Prostitution 96
Pu Qiong 77
Putte, Samuel van de 126

Qinghai 75, 150, 147

Ralpachen, tibet. König 37 f., 161
Religion, Bön- 26 f., 32, 36, 38 f., 52 f., 113, 160 f.
–, buddhistische 9, 15, 23, 33 ff., 38-43, 47 f., 103 f., 109, 119, 123, 160 f.
–, christliche s. Jesuiten, Kapuziner, Missionierung
–, hinduistische 15, 35 f.
–, islamische 87
–, Natur- 26
–, tantrisch-buddhistische (Vajrayana) 35 f., 48, 137, 160 f.
–, zen-buddhistische 37
Richardson, Hugh Edward 138, 140
Rotmützen 42, 51
Rußland 58, 133, 162

Samye 37, 63, 136
Saunders, Roger 128
Schäfer, Ernst 138 f.
Schlagintweit, Gebrüder 139
Schule(n), allgemeinbildende 59, 71, 79, 109

–, buddhistische (allg.) 40 ff., 49 f., 52, 113
–, Gelugpa- 48–51, 54, 161 f.
–, Kadampa- 40 f., 48, 161
–, Kagyüpa- 40 ff., 48 f., 105, 161
–, Nyingmapa- 40, 48, 52, 160
–, Sakyapa- 42, 48 f., 64, 161
Schweiz 116 ff.
Sherab Ngawang 106 f.
Sherpa 18, 138
Shigatse 21, 50 f., 54, 75, 79, 99 f., 105, 121, 128, 134 ff., 148, 162 ff.
Sichuan 12, 75, 100, 146
Siddharta Gautama s. Buddha
Sikkim 15, 52, 67, 110, 114, 135, 137
Simla 69
Singapur 111
Sinisierung 10, 87, 91 f., 98 ff., 102
Sinkiang 84, 147
Sonam Gyatso 49 f., s. a. Dalai Lama (III.)
Songtsen Gampo, tibet. König 30 ff., 52 f., 62, 160
SOS-Kinderdörfer 114, 116
Speisen 20, 152
Sprache, chinesische 71, 79
–, tibetische 17, 46, 71, 79, 116 f., 130, 136, 158
–, Ü-Ke- 17
Srinagar 134
Steppen 12, 14, 16 f.
Sun Yatsen 58
Suydam Cutting, Helen und Charles 138
Sangye Gyatso 54

Tadschikistan 32
Tafel, Albert 139
Tai Zong, chines. Kaiser 33, 63
Taiwan 111

Tempel 10, 31, 62, 73, 77, 80, 153, 163
Terdrom 88
Tezpur 110
Thevenot, Melchisedech 12
Thönmi Sambhota 30
TID, Tibet Initiative Deutschland 118 f.
Tilopa 40
Todesstrafe 58, 85
Tokio 113
Tolstoi, Ilja 138
Tomo Geshe Rinpoche 137
Tourismus 8, 18, 87, 96, 141–150, 163
Tride Songtsen, tibet. König 37, 161
– Tsugtsen, tibet. König 63
Trisong Detsen, tibet. König 33, 36 f., 63, 160
Trudeau, Pierre 143
Tsang 14, 45, 51
Tsangpa 50
Tsangpo (Brahmaputra) 12, 14–17, 20, 29, 36, 82, 100, 146, 160
Tsongkhapa 47 ff., 65, 151, 157 (Abb.), 161
Turkestan 32 f., 84, 139
Turner, Samuel 128

Ü 14, 45
Ü-Ke s. Sprache
UdSSR 111
Uighuren 84
Umweltschutz 82 f.
UNESCO 96
UNO 70, 95, 100, 111 f., 163 f.
USA 110, 113
Usbekistan 32

Vajrayana s. Religion, tantrisch-buddhistische
Varanasi 34
Verein der Tibeter in Deutschland 118
Verfassung 60 f., 112, 163
Verkehr 79, 149
Vögel 15 f.

Washington 113
Weishaar-Günter, Cornelia 22
Weizsäcker, Richard von 89, 164
Weltkrieg, Zweiter 8 f., 19
Wen Cheng, chines. Prinzessin 31 f., 62, 143, 160
White, Charles Claude 137
Wohnen 21, 95–98
Wu Jinghua 80

Xiao Qaidam 84
Xining 71, 122

Yak 16, 20 ff. (Abb.), 97, 147
Yamure 88
Yangtse 14, 82, 99
Yarlung (Fluß) 29 ff.; s.a. Dynastie
Yeshe Ö 40
Yin Fatang 80
Yishi Norbu 49
Younghusband, Francis 58, 67, 129, 133
Yunnan 32, 75
Yuthok Yönten Gönpo 23

Zarathustra 26
Zhao Yuan Di, chines. Kaiser 64
Zhen Yi 72
Zhou Enlai 71, 73
Zwangssterilisierung 92 ff.

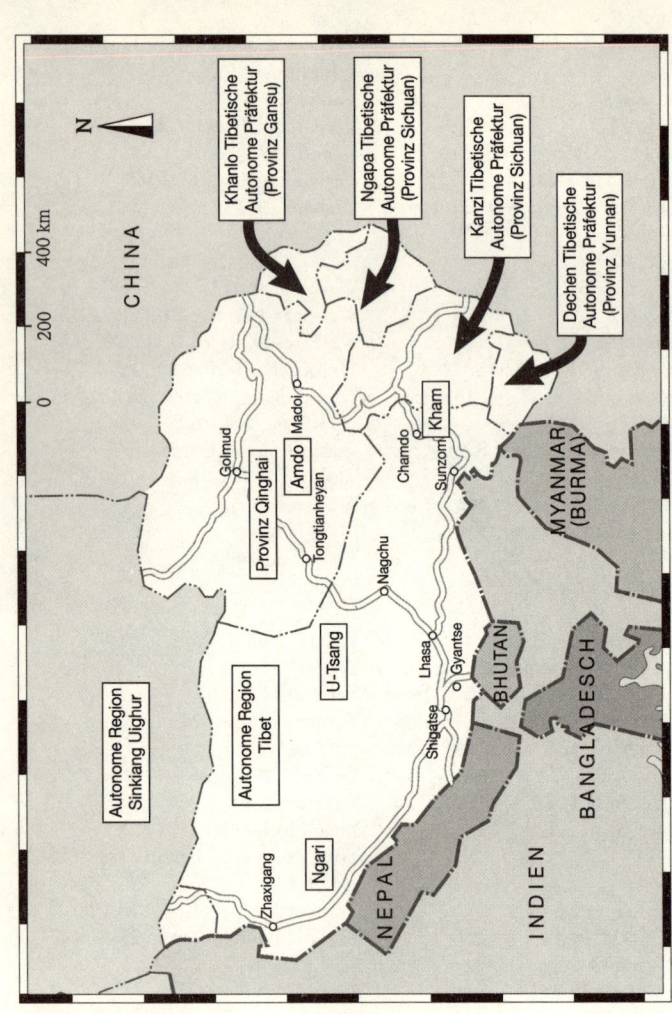

Tibets Aufteilung durch die Volksrepublik China